St AUGUSTIN

et l'augustinisme

Saint Augustin.
Manuscrit de La Cité de Dieu *(1489).*
Bibliothèque universitaire de Bâle.

Henri-Irénée Marrou

avec la collaboration de
A.-M. La Bonnardière

St AUGUSTIN
et l'augustinisme

© Éditions du Seuil. 1955. Toute reproduction interdite, y compris par microfilm. ISBN 2-02-000257-4.

MAITRES SPIRITUELS

La plus ancienne effigie de saint Augustin (Fresque du Latran, VIᵉ s.).

SEIZE SIÈCLES nous séparent de cet homme, né le 13 novembre 354, mort le 28 août 430. Nos peintres l'ont trop longtemps affublé, — chape, mitre et crosse —, comme un évêque d'aujourd'hui : il faut l'imaginer en tunique de laine blanche et sandales. Mais attention : cette tunique est une tunique à manches, taillée et cousue, déjà une « chemise », ce n'est plus la tunique drapée que portaient Périclès ou Cicéron. Si celui qui s'appelait de son vivant *Aur (elius) Augustinus* est un Ancien, il appartient à la dernière phase de l'Antiquité classique, la *Spätantike* comme disent les doctes.

Saint Augustin, par le Maître de l'Assomption (Berlin, Galerie royale).

Timbre émis pour le 1600ᵉ anniversaire de la naissance de saint Augustin. Les P. T. T. ont habillé saint Augustin d'une tunique à la mode du temps de Cicéron.

LE TEMPS DES TROUBLES

352-353. L'empereur Constance, dernier survivant des fils de Constantin, reconquiert l'Italie et la Gaule sur l'usurpateur Magnence.

354

355. *Francs, Alamans et Saxons envahissent la Gaule.*

357. *Le César Julien délivre la Gaule par sa victoire de Strasbourg.*

360. Julien, — l'Apostat —, proclamé empereur à Paris, en révolte contre Constance.

363. *Julien vaincu et tué par les Perses Sassanides en Mésopotamie.*

364. Après Jovien, Valentinien empereur ; il s'adjoint (pour l'Orient) son frère Valens.

364. *Nouvelle invasion des Alamans en Gaule, nettoyée par Valentinien.*

365-366. Usurpation de Procope.

365-371. *Guerre contre les Goths.*

371. Grands procès (répression de la magie) en Orient.

372-375. En Afrique, révolte du chef berbère Firmus.

374. *En marche vers l'Ouest, les Huns passent la Volga.*

375. A Valentinien succèdent ses fils Gratien (dominé par sa mère Justine) et Valentinien II.

378. *Valens vaincu et tué par les Goths à la bataille d'Andrinople.*

379. Gratien associe Théodose à l'empire (pour l'Orient).

380-382. *Théodose abandonne la Pannonie aux Wisigoths et établit les Ostrogoths au Sud du Danube.*

383-388. En Occident, usurpation de Maxime, meurtrier de Gratien.

392. A Rome, usurpation d'Eugène, appuyé par les soldats germains et le parti païen.

392. *Ébranlement dû à la poussée des Huns : les Vandales sont rejetés vers l'Ouest par les Alains, qui les suivent.*

394. Théodose, vainqueur d'Eugène, seul empereur.

395. Mort de Théodose ; partage de l'empire entre ses deux fils.

395-408. Sous le nom d'Honorius, le vandale Stilichon dirige l'Occident.

396. *Les Wisigoths dans l'Illyricum.*

396-400. Intrigues à la cour d'Arcadius (dominé par sa femme Eudoxie) ; triomphe du parti anti-germain ; renaissance nationale byzantine.

399. *Le 31 décembre, les Vandales (Alains, Suèves, Burgondes) entrent en Gaule ; les Huns atteignent l'Elbe.*

401. *Première tentative des Wisigoths sur l'Italie.*

402. L'empereur Honorius se réfugie à Ravenne.

407. Usurpation de Constantin III en Bretagne, bientôt évacuée.

408-450. Théodose II succède à Arcadius comme empereur d'Orient.

409. *Vandales et Suèves passent en Espagne.*

410. *Prise de Rome par les Wisigoths d'Alaric.*

411. Constantin III rétablit l'autorité romaine sur la Gaule.

412. *Les Wisigoths dans la Gaule méridionale.*

413. En Afrique, révolte d'Héraclien, bientôt sauvagement réprimée.

425-455. Valentinien III empereur d'Occident (régence de sa mère Placidie, puis du général Aetius).

427. En Afrique, révolte du comte Boniface.

429. *Sous leur roi Genséric, les Vandales passent en Afrique.*

430

437-453. *Attila roi des Huns.*

454-455. Meurtre d'Aetius, puis de Valentinien III.

455-476. Derniers empereurs d'Occident, sous le protectorat de leurs généraux barbares.

Depuis Dioclétien (284-305) et Constantin (306-337), l'Empire romain, ébranlé par la marée barbare et l'anarchie intérieure, s'est reconstitué sur des bases nouvelles : c'est le Bas-Empire, le premier en date des états totalitaires de type moderne : le souverain, auréolé d'un prestige religieux, est tout-puissant, — aussi longtemps du moins qu'un usurpateur n'en a pas triomphé. Il gouverne, entouré d'une cour de type oriental, au moyen d'une bureaucratie, militarisée et hiérarchisée, d'une extraordinaire complexité. Économie planifiée, usines d'état, syndicalisme obligatoire, castes héréditaires ; fiscalité écrasante, justice féroce, et bien entendu (on vit dans la menace permanente des conspirations) police secrète : que de fois, dans la biographie d'Augustin, apparaît la figure inquiétante des *Agentes in rebus,* terme que nos humanistes traduisent innocemment par « chargés d'affaires » : il ne faut pas s'y tromper, il s'agit des agents d'une Gestapo, d'un MVD. Oui, c'est bien déjà le monde de la terreur : l'équipe au pouvoir incarne la toute-puissance du maître, mais elle est vite disgraciée ; c'est alors le grand procès de trahison, la répression impliquant de proche en proche des milliers d'innocents. En permanence (il suffit de quelque retard dans le paiement des impôts) pèse sur tous la menace de la ruine, — la prison, la torture, la mort dans les supplices.

Lourde machine, dont il ne faut pas nier l'efficacité : elle va tenir, en Orient du moins, pendant plus d'un millénaire, — jusqu'en 1453. Mais il faut payer le prix, et voici que l'Occident latin, déjà, commence à s'y refuser : il ne connaîtra pas la réaction nationale qui, à Constantinople, à partir de 400, inaugure le redressement proprement byzantin. L'Empire romain, chez nous, s'effrite et succombera finalement sous l'effet conjugué de la désertion du prolétariat intérieur (les Bagaudes en Gaule, les Circoncellions dans l'Afrique d'Augustin) et de l'assaut des barbares du dehors.

Toute la vie de saint Augustin se déroule sur cet arrière-fond, et c'est là, pour le lecteur d'aujourd'hui, la première valeur de son enseignement : il nous apprend, par son exemple, un art de vivre par temps de catastrophe. Son enfance est contemporaine des derniers sursauts de la

force romaine ; son âge mûr verra, — le 24 août 410, — les remparts de Rome succomber devant les Wisigoths d'Alaric, événement décisif, non pour sa portée politique, mais pour le retentissement qu'il eut sur les contemporains et sur la pensée d'Augustin : c'est en méditant sur la chute de cette capitale du monde civilisé, de cette Rome qui s'était crue éternelle, qu'il a élaboré un de ses chefs-d'œuvre, les *XXII livres de la Cité de Dieu* où s'entre-lacent deux thèmes : celui de la caducité radicale des civilisations et celui de la vocation surnaturelle de l'humanité, et qui demeurent le traité fondamental de la théologie chrétienne de l'histoire.

Il devait mourir, vingt ans plus tard, dans sa ville épiscopale d'Hippone assiégée par les Vandales, — ce peuple aventureux qu'un périple étonnant avait conduit, et cela en une seule vie d'homme, du fond des plaines hongroise et silésienne à travers l'Europe entière, jusqu'à l'Espagne et Gilbraltar, pour venir détruire la puissance romaine en Afrique du Nord et à Carthage.

*Monnaie Vandale
de Geiséric,
Carthage (Vᵉ s.).*

*Remparts de Rome
(Mur d'Aurélien).*

*Trophée romain en bronze
trouvé dans les ruines d'Hippone.*

Mais saint Augustin n'est pas simplement un témoin de la « Décadence » et de la fin d'un monde. Avec la conversion de Constantin, l'Empire est devenu l'Empire chrétien et la religion nouvelle a définitivement triomphé. Non certes que toutes les difficultés aient été surmontées : le paganisme résiste encore, aux deux extrémités de l'échelle sociale, chez les paysans et dans l'aristocratie lettrée ; et si l'ère des grandes persécutions est close, schismes et hérésies déchirent la Robe sans couture ; l'intervention, en un sens nécessaire, de la force impériale, vient compliquer les choses : Constantin vieillissant, Constance, Valens optent pour telle ou telle version de l'hérésie arienne et l'orthodoxie connaît bien des heures sombres avant de triompher définitivement avec Théodose, l'empereur très catholique.

Il n'en reste pas moins que le siècle de saint Augustin voit le Christianisme s'épanouir démographiquement, socialement, spirituellement, intellectuellement. C'est l'âge d'or des Pères de l'Église, ces grands penseurs, — ils furent aussi des spirituels et souvent des hommes d'action —, qui donnent à la littérature chrétienne ses classiques. Il est remarquable que saint Augustin ait été, qu'il les ait connus ou non, le contemporain des plus grands parmi les Pères, qu'il s'agisse des Pères grecs des écoles de Cappadoce, d'Antioche, d'Alexandrie, ou des principaux docteurs de l'Église latine :

300 10 20 30 40 350 60 70 80 90 400 10 20 30 40 450

ATHANASE D'ALEXANDRIE

EVAGRE LE PONTIQUE

BASILE DE CÉSARÉE

GRÉGOIRE DE NAZIANZE

GRÉGOIRE DE NYSSE

THÉODORE DE MOPSUESTE

JEAN CHRYSOSTOME

SYNÉSIOS DE CYRÈNE

CYRILLE D'ALEXANDRIE

THÉODORET DE CYR

AUGUSTIN

LÉON LE GRAND

PROSPER D'AQUITAINE

JEAN CASSIEN

PAULIN DE NOLE

JÉROME

AMBROISE

MARTIN DE TOURS

HILAIRE DE POITIERS

MARIUS VICTORINUS

300 10 20 30 40 350 60 70 80 90 400 10 20 30 40 450

*Environs de Souk-Ahras,
route de Bône (Annaba).*

LA VIE

Saint Augustin est donc né le 13 novembre 354 à Thagaste, petite ville de la province de Numidie, aujourd'hui Souk Ahras en Algérie (environ 180 km. à l'Est de Constantine et 100 km. au Sud d'Annaba) : c'est un Romain d'Afrique. Le calcul des probabilités permet d'inférer qu'il était sans doute de pure race berbère. On s'est livré à ce propos à bien des variations naïves, expliquant par le soleil d'Afrique l'ardeur de son tempérament et l'enflure de son style, — comme si l'érotisme et le baroque étaient inconnus des Nordiques ; ou bien, comme la vie du fellah anhistorique a conservé jusqu'à nos jours bien des traits antiques (les enfants portés sur le dos par leurs grandes sœurs) [1], on a fait du pittoresque facile et montré en lui un marabout doué de baraka, un sheikh, siégeant au tribunal du qâdî... Cette couleur locale est parfaitement illusoire : ce qui compte, c'est la civilisation et non les chromosomes. Les descendants des compatriotes d'Augustin, parce qu'ils sont passés à l'Islâm et parlent arabe, sont aujourd'hui plus près du Caire, de la Mecque, voire de Karachi que de l'Europe. L'Afrique d'Augustin était au contraire une terre latine (le latin a été non seulement sa langue de culture mais déjà sa langue maternelle), une province de cette grande patrie romaine, qui s'honorait d'avoir étendu les limites de la cité aux frontières du monde civilisé. Il est né citoyen

1. Les notes et références concernant ce chapitre se trouvent p. 45.

romain (son nom de famille *Aurelius* suggère que ses aïeux ont été naturalisés, avec toute la masse des provinciaux, par la fameuse constitution de Caracalla en 212) ; rien de plus faux que de voir en lui l'héritier du passé punique : il ne se sent pas solidaire de Carthage ni d'Hannibal mais bien de Rome dont les grands hommes sont ses héros, Regulus ou les Scipions [2]. Toute sa formation, toute son activité ont fait de lui un des nôtres, un Européen d'Occident.

S'il reste chez lui quelque particularisme à signaler, ce sera, sur le plan religieux, la fierté d'appartenir à cette Église d'Afrique si consciente de son autonomie au sein de la catholicité, illustrée par l'enseignement de ses docteurs et le sang de ses martyrs, l'Église de Tertullien et surtout de Cyprien, de Lactance, de Victorinus et d'Optat.

Mais dans cette civilisation antique, demeurée si aristocratique, si éloignée de notre idéal moderne d'une civilisation pour les masses, le degré de romanisation, c'est-à-dire de participation effective à ces valeurs dont le nom de Rome était le symbole, variait considérablement suivant le rang social et l'éducation reçue. A la différence de beaucoup d'entre les Pères ses contemporains (Ambroise est le fils d'un ministre de l'intérieur, — *Præfectus prætorio* — et Chrysostome celui d'un général en chef, — *Magister militum*), saint Augustin est sorti d'un milieu social relativement humble [3] : son père Patricius était un petit propriétaire foncier appartenant à la classe des *curiales*, ces notables provinciaux écrasés par leur responsabilité collective en matière fiscale, — traduisons : à une petite bourgeoisie en voie de prolétarisation.

Comme beaucoup de petits bourgeois de notre temps, Patricius s'efforça au prix de sacrifices presque disproportionnés à ses moyens, d'assurer à celui de ses fils qui paraissait le mieux doué cette éducation libérale qui était, au Bas-Empire, un des plus sûrs moyens de parvenir, ouvrant la voie aux carrières de l'enseignement ou du barreau et au-delà à celle, aux perspectives illimitées, de l'administration impériale et du pouvoir.

Les ressources paternelles n'y suffirent pas : saint Augustin nous raconte dans ses *Confessions* [4], comment il dut, faute d'argent, interrompre ses études pendant une année, celle de ses seize ans ; il ne put les reprendre

qu'avec l'aide d'un ami de sa famille, Romanianus [5], —
le type même de ces « bienfaiteurs », *Evergètes*, comme
l'antiquité en a tant connus, qui, mi-dévouement, mi-
ostentation, dépensaient sans compter, parfois jusqu'à
la ruine, au bénéfice de leurs concitoyens. Il y a chez
Augustin tout un côté « boursier », comme on eût dit du
temps de Barrès, de parvenu de la culture, — grâce à
la culture.

École primaire dans sa ville natale, études secondaires
à Madaure, centre voisin plus important et déjà plus
intellectuel (n'était-ce pas la patrie de l'illustre Apulée ?),
études supérieures commencées également à Madaure,
reprises et achevées à Carthage, la métropole de l'Afrique
romaine, la plus grande ville après Rome de l'Occident
latin : ainsi de sept à dix-neuf ans, Augustin a parcouru
le cycle complet des études considérées de son temps
comme les plus normales. Est-il nécessaire d'ajouter qu'il
y excella ? Il devint de la sorte ce représentant éminent
de la culture antique, ou pour parler comme ses contemporains, cet homme aussi savant qu'éloquent, *vir eloquen-
tissimus atque doctissimus.*

Scène d'école
(Relief de Neumagen, Musée de Trèves).

Nous devons examiner avec quelque attention la nature de cette formation de base, car toute la pensée et l'œuvre d'Augustin s'en révèlent étroitement dépendantes, et cela dans leurs caractères positifs comme dans leurs lacunes, et en bien comme en mal. La culture que saint Augustin a reçue et possédée apparaît comme essentiellement littéraire et avant tout latine, car déjà de son temps allait s'approfondissant le fossé qui, rompant l'unité de la civilisation méditerranéenne, va séparer de plus en plus l'Orient grec de l'Occident. Certes le grec est toujours inscrit au programme des écoles et notre Africain dut s'y mettre, mais, nous dit-il, sans joie [6] et, nous le constatons, sans profit : il n'en retint pas grand-chose, à peu près l'équivalent de ce que la moyenne de nos bacheliers retiennent de latin. Plus tard, homme d'Église, il mesura combien ses études d'exégèse et de théologie auraient exigé une meilleure connaissance du grec et il dépensa de studieux efforts pour se perfectionner mais ses progrès, pour être réels, ne le menèrent pas très loin. Pratiquement, saint Augustin n'a jamais pu utiliser de la pensée grecque, païenne ou chrétienne, que ce qui en était passé en latin, sous forme de traductions ou d'adaptations. On ne saurait trop insister sur ce fait qui a conditionné dans une large mesure le développement de sa pensée, en matière de philosophie ou de théologie : faute de pouvoir se greffer normalement sur ses antécédents helléniques, elle s'est trouvée en quelque sorte, bien souvent, acculée à l'improvisation de l'autodidacte, — à l'originalité.

Cicéron. Manuscrit du IV⁰ siècle du De Republica *(en onciales) ; recouvert au VII-VIII⁰ siècle par un texte de saint Augustin* Sur les Psaumes.

Culture donc, latine ; c'était, au départ, la grammaire et l'étude, appliquée, méticuleuse, des grands classiques et d'abord des poètes : Virgile, Térence... Être cultivé, c'était pour un Romain posséder son Virgile à peu près par cœur, comme les Grecs connaissaient leur Homère. Puis les historiens, Salluste..., et les orateurs : Cicéron surtout, le grand Cicéron, le maître incontesté qui par son œuvre théorique comme par son exemple a donné sa forme à la culture antique de l'Occident. Il est difficile au lecteur profane d'imaginer le degré d'assimilation, de présence, de ces classiques : à tout instant, sous la plume d'Augustin, surgit, consciente ou non, la citation ou la réminiscence de Cicéron, de Virgile, — et il écrivait pour un public complice, capable de reconnaître au passage la référence et d'en éprouver chaque fois le même plaisir ingénu ou raffiné.

Au niveau supérieur la culture se définissait par la rhétorique, l'art de parler, — et par suite d'écrire (la pratique, générale dans l'antiquité, de la lecture à haute voix avait contribué à maintenir alignés l'un sur l'autre littérature et art oratoire : il n'est pas dit que sous l'influence de la radio, de la TV et de l'enregistrement mécanique quelque chose de cela n'apparaisse à nouveau dans la culture de notre temps). Pour les modernes, « rhétorique » n'est plus qu'un jugement de valeur, le plus souvent péjoratif ; il faut réaliser que c'était, pour les anciens, une technique, élaborée avec précision, codifiée avec rigueur : elle se présentait comme le répertoire exhaustif et par conséquent *ne varietur* de tous les procédés que l'expérience avait observés comme efficaces, permettant de construire un exposé solide, convaincant et séducteur. D'où ce système, extraordinairement complexe de divisions et de définitions : il y avait trois genres d'éloquence, trois états de causes, six parties du discours (de l'exorde à la péroraison)... On comprend qu'il fallût des années et des années au jeune étudiant pour s'en assurer la maîtrise, mais l'effort accompli, quelle sécurité ! On savait tout ce qu'il était possible de dire sur tout sujet concevable, et comment le dire. Soit par exemple à composer un éloge funèbre ; le rhéteur disposait d'un plan-type, pour cela comme pour le reste (et saint Augustin faisant dans ses *Confessions* l'éloge de sa mère n'a pas manqué de s'en souvenir [7]) : il comprend 45 développements obligés, plus quelques-uns *ad libitum*, célèbre tour à tour les biens extérieurs (patrie, famille...), les biens du corps, ceux de l'âme et termine, intrépidement, par l'évocation des hauts faits que le héros n'eût pas manqué d'accomplir encore s'il eût vécu plus longtemps...

Et ici encore, dans la même perspective classique, une complicité subtile s'établissait entre auteur et public : celui-ci savait ce que l'autre savait, d'où par exemple, en décevant, surprenant son attente, des effets inattendus, analogues sur le plan littéraire à celui que provoque sur notre sensibilité, la déformation expressive de nos peintres : Braque savait comment dessiner une guitare selon les lois de la perspective euclidienne, et nous savons ce qu'aurait été une telle guitare ; tout le cubisme a joué de cette dialectique. Ainsi de saint Augustin : il savait, et son public savait ce qu'eût été une période cicéronienne, une division régulièrement annoncée. Son art, d'une subtilité toute baroque, consistera souvent à surprendre, à piquer l'attention par quelque dissymétrie volontaire, une dissonance, une brusque modulation...

Culture, on le voit, toute littéraire ; si ce grand lettré apparut à ses contemporains comme aussi un grand savant, il faut entendre que cet éloge s'adresse à une érudition de caractère livresque : raretés grammaticales, étymologies plus ou moins ingénieuses, anecdotes mythologiques ou historiques, — Faits et Dits mémorables, — propres à être enchâssées dans le discours pour leur pittoresque ou leur moralité, bizarreries de toute sorte, curiosités d'histoire naturelle, authentiques ou fabuleuses, comme celles que rassembleront lapidaires et bestiaires médiévaux : l'escarboucle luit dans les ténèbres, le serpent du pays des Marses, pour résister à l'enchanteur, colle une oreille sur le sol et bouche l'autre avec l'extrémité de sa queue [8]...

En fait de sciences, au sens moderne du mot, — il ne peut s'agir que de mathématiques et de biologie, la physique s'étant fourvoyée avec Aristote pour deux mille ans, — Augustin ne possède que des notions très élémentaires d'arithmétique théorique et n'a pas dépassé en géométrie la première proposition du livre I d'Euclide (construction du triangle équilatéral) ; en médecine, il sait ce qu'un honnête homme peut savoir pour avoir feuilleté quelque manuel et conversé avec des hommes de l'art.

Mais dans l'antiquité la culture oratoire, littéraire, ne s'opposait pas, le plus souvent, comme chez nous, à une culture de type scientifique mais bien à la philosophie, à la sévère vocation du philosophe qui place le sérieux de la pensée et son engagement au-dessus des vanités du bien-dire : on a pu décrire l'évolution de la culture antique comme un contre-point à deux voix où tour à tour Rhétorique et Philosophie l'emportent l'une sur l'autre, s'opposent ou se rejoignent pour un instant dans une tentative de synthèse. Augustin était trop cultivé pour ne pas rencontrer sur son chemin, et avait l'âme trop haute pour ne pas écouter, l'appel de la Muse philosophique. Il raconte en termes émouvants comment à dix-huit ans la lecture de l'Exhortation à la Philosophie, qu'à la manière d'Aristote Cicéron avait rédigée dans son *Hortensius*, éveilla dans son âme cet ardent « amour de la sagesse » (il aime à paraphraser étymologiquement le beau nom de Philosophie), cette quête de la Vérité qui devait animer toute sa vie [9].

Deux précisions s'imposent ici : bien que saint Augustin se soit toujours référé à sa lecture de l'*Hortensius* comme au point de départ de son évolution consciente, il s'en faut que cette « conversion » à la philosophie ait immédiatement porté tous ses fruits (comment ne pas en rapprocher la première conversion de Pascal ?) : treize ans allaient s'écouler, remplis d'aventures complexes, morales, religieuses, autant qu'intellectuelles, avant qu'Augustin acceptât, avec le baptême, de conformer sa vie à l'idéal d'ascétisme et de rigueur qu'impliquait pour un Ancien la vocation de penseur : c'est comme moine et comme philosophe chrétien qu'il réalisera finalement le vœu de ses dix-huit ans.

D'autre part, sur le plan technique, il faut souligner une autre des limites de la culture reçue par saint Augustin : il découvrit les perspectives magnifiques de la philosophie au moment où, étudiant besogneux, il allait devoir écourter ses années d'apprentissage pour se mettre en quête d'un gagne-pain : sa culture philosophique sera celle d'un autodidacte. Aussi bien eût-il fallu, pour recevoir une formation proprement technique, aller étudier dans l'Orient grec, soit à Athènes, soit à Alexandrie, les deux seuls centres où fût alors organisé un enseignement régulier de la philosophie : Augustin, hélas, n'eut pas la chance, comme jadis Apulée, de pouvoir étudier dans l'une, ni comme plus tard Boèce, dans l'autre. Ses lectures, limitées par l'obstacle de la langue, se bornèrent à ce qui pouvait être accessible en latin : les *Catégories* d'Aristote par exemple [10], mais sans l'indispensable *Introduction* de Porphyre. Son maître en définitive, celui à qui il dut l'essentiel de sa formation philosophique, fut aussi Cicéron, ce vulgarisateur et ce médiocre Cicéron.

Chef de famille (son père était mort peu après le départ pour Carthage [11]), Augustin dut, avant d'avoir vingt ans, se trouver un métier : comme font souvent les bons élèves, il se tourna tout naturellement vers celui de professeur qu'il devait exercer pendant treize ans : il ouvrit école dans sa ville natale à Thagaste [12] puis retourna bientôt à

Vue d'ensemble de Carthage, prise dans la direction S. N. Au premier plan, les « ports ». La ville s'étendait dans la plaine en bordure de la mer et sur les collines situées à l'ouest de la route moderne qu'on aperçoit à gauche.

Carthage [13] où il devait occuper la chaire municipale [14] de rhétorique (la législation des empereurs imposait aux cités de rétribuer des professeurs publics).

Qu'il fut un maître excellent, nous le savons par l'étroit attachement que lui témoignent ses disciples comme le rhéteur, vaguement philosophe, Favonius Eulogius qui devait occuper lui aussi la chaire de Carthage [15], comme surtout son compatriote Alypius qui, d'élève, devint son plus intime ami [16], le compagnon de sa conversion et de sa vie religieuse, son collègue dans l'épiscopat. Comme il arrive, son enseignement ne réussissait pas auprès de tous : las d'être chahuté par une jeunesse turbulente, Augustin après dix ans quitta Carthage pour s'établir à Rome où il trouva des étudiants plus calmes mais mauvais payeurs [17]; aussi fut-il heureux d'obtenir bientôt, par relations, une autre chaire municipale de rhétorique, celle de Milan [18].

Insignes de Hauts Fonctionnaires de l'Empire (Notitia dignitatum, Ve s.). *De g. à dr. : Comte des Largesses sacrées, Comte du Trésor privé, Directeur du Personnel.*

Thagaste, Carthage, Rome, Milan jalonnent les étapes d'une belle carrière, qui promettait de ne pas s'arrêter là car Milan était alors la résidence impériale, la capitale de l'empire d'Occident, — et nous voyons maître Augustin hanter les antichambres de ministères (c'était alors le moyen de parvenir : il nous raconte gentiment comment il consacrait la matinée à ses cours, l'après-midi à ces démarches) : il espérait bien décrocher de la sorte quelque poste de gouverneur de province [19]... lorsque sa conversion survint qui le fit renoncer et à l'enseignement et à cet avenir.

JEUNESSE D'AUGUSTIN

354 (13 Nov.) Naissance.

361 (env.) Écolier à Thagaste.

365-366 Part pour les écoles de Madaure.

369-370 Année d'oisiveté à Thagaste.

370 (automne) Part poursuivre ses études à Carthage.

371 (automne) Noue sa liaison avec une concubine.

372 (été) Naissance de son fils Adéodat.

372-373 Lecture de l'Hortensius : conversion à la philosophie ; adhésion au Manichéisme.

373 (automne) Professorat à Thagaste.

374 (automne) - 383 Professorat à Carthage.

383 Rencontre avec Fauste de Milève : Augustin se détache du Manichéisme.

383-384 Professorat à Rome.

384 (automne) Professeur à Milan.

385 Augustin orateur officiel. Débats intérieurs.

386 (Février-Juin) Lutte de saint Ambroise contre l'impératrice Justine.

386 (Juin) Augustin découvre la philosophie néo-platonicienne.

386 (Juillet) Lecture des Épîtres de saint Paul.

386 (Août) Scène du Jardin : conversion d'Augustin.

386 (fin Août) Vacances ; départ pour Cassiciacum.

386 (automne) Démission officielle ; rédaction des premiers *Dialogues*.

387 (fin de l'hiver) Retour à Milan : se fait inscrire pour le baptême.

387 (24/25 Avril) Vigile pascale : baptême d'Augustin, Adéodat et Alypius.

387 (été/automne) Départ de Milan.

387 (automne) Mort de Monique à Ostie. Séjour à Rome.

388 (automne) Départ pour l'Afrique.

388-391 Vie monastique à Thagaste

389 Mort d'Adéodat.

Celui qui allait devenir *saint* Augustin avait près de trente-deux ans ; c'est alors seulement qu'il prend la décision de demander le baptême. Comment retracer en quelques mots cet itinéraire tourmenté dont les *Confessions* nous fournissent le récit et le commentaire en formules prestigieuses : « Que j'ai tardé à T'aimer, ô Beauté éternelle... », *sero Te amavi, Pulchritudo tam antiqua et tam nova, sero Te amavi* [20] ! Il avait pourtant trouvé la foi au berceau : son père Patricius était païen (il ne se convertira que peu avant sa mort), sa mère Monnica, — sainte Monique —, était une chrétienne fervente et elle lui apprit, dès ses premières années à connaître et à aimer le Nom du Christ Sauveur. Elle prit soin de le faire dès sa naissance « marquer du signe de la croix et purifier par le sel » comme catéchumène [21], sans aller jusqu'au baptême, suivant en cela une pratique commune dans l'Église du temps : le baptême des enfants était certes connu et pratiqué depuis longtemps mais demeurait exceptionnel, conféré par exemple en cas de maladie grave (c'est d'ailleurs ce qui faillit arriver, en un tel cas, au jeune Augustin) ; le plus souvent on le différait jusqu'à l'âge d'homme, parfois même jusqu'au lit de mort, — non, comme on pourrait l'imaginer, en vertu de quelque calcul sordide fondé sur le fait que le sacrement, d'un seul coup, lave toutes les fautes, mais parce qu'on prenait très au sérieux les engagements pris par le baptisé et la responsabilité qui en découlait.

Les obstacles qui devaient écarter si longtemps Augustin d'une telle adhésion plénière à l'Église furent les uns d'ordre moral, les autres d'ordre intellectuel. Au sujet des premiers, le lecteur s'attend peut-être à un récit croustillant : chacun sait que notre saint a eu une jeunesse orageuse. Je dois le décevoir : sans doute, dans ses *Confessions*, Augustin s'est penché avec une inquiète sévérité sur ces « désordres », mais le ton des confidences reste sobre et pour le latin (qu'on songe à Pétrone, Juvénal ou Apulée) d'une délicatesse surprenante ; il a porté sur eux un jugement dont les esprits médiocres trouvent facilement la sévérité exagérée ; ce jugement pourtant est vrai, mais du point de vue de la théologie (c'est le docteur de la grâce, du péché originel et de la concupiscence qui parle, — et le saint), ou de la psychologie des profondeurs. Pour qui les apprécie du dehors, dans leur gravité matérielle, ces fameux désordres se réduisent à peu de choses.

Nous possédons sur la vie d'Augustin étudiant le témoignage d'un adversaire, l'évêque donatiste Vincent de Cartenna, qui l'avait connu alors : il nous le montre certes éloigné de la foi chrétienne mais appliqué à l'étude, tranquille et bien élevé [22]. Au fond, à part les péchés, comme on dit, de la chair, il n'a que des peccadilles à confesser (les fameuses poires volées dans le verger d'un voisin [23]) ; et sur ces péchés-là il n'y a pas tant à recenser.

A quoi se réduit une théologie,
dans la civilisation du Digest.

De quelques expressions discrètes [24] on a parfois conclu qu'il avait été pédéraste (les homosexuels ne manquent jamais d'invoquer Augustin dans la litanie des héros de leur secte) : c'est une erreur ; de l'examen du dossier, le psychiatre compétent conclut qu'Augustin possédait « eine normale sexuelle Konstitution [25] ». Qu'il ait été précocement « corrompu » (l'oisiveté à quinze ans n'a jamais rien valu), qu'il ait connu des aventures, que cette sensualité débridée ait bientôt éteint en lui la piété de l'enfance, — tout cela est certain. Mais si on précise les dates [26], on constate qu'il s'est lié, dès l'âge de dix-sept ans, avec une compagne par les liens d'un concubinage que les mœurs du temps, et la loi, sinon la morale chrétienne, considéraient comme assez normal ; qu'il n'a plus dès lors connu d'autre femme et qu'il est resté fidèle, pendant plus de quatorze ans, à celle qui dès la première année lui avait donné un fils, Adéodat.

On a beaucoup rêvé sur cette femme, dont on ne sait pas le nom (il existe des livres dédiés « à Celle qui fut aimée d'Augustin », *ad matrem ignotam Adeodati* [27]) ; Augustin lui-même ne semble pas l'avoir oubliée. Il nous dit qu'après qu'il l'eût quittée elle rentra en Afrique faisant vœu de lui rester fidèle [28] ; dans un texte écrit seize ans après cette rupture, évêque et théologien, il se penche encore sur son cas et, toujours sans la nommer, n'ose pas l'accabler... [29]

Car cette liaison avait fini brutalement, sur l'initiative de Monique qui voyait dans un mariage régulier, conforme à la fois aux normes de l'Église et à celle du monde, une solution idéale aux difficultés de son fils. Sa conduite en cette affaire paraît bien un peu « humaine, trop humaine » ; mais si l'on s'étonne qu'elle n'ait pas songé plutôt à régulariser la situation de fait, c'est pour mal connaître la structure aristocratique de la société romaine : un tel mariage pouvait non seulement paraître impensable au point de vue social mais être bel et bien légalement impossible : la législation des empereurs interdisait aux *honestiores* comme Augustin d'épouser des femmes de basse extraction, — et c'était sans doute le cas de la mère d'Adéodat.

Aussi bien n'est-ce pas finalement à la solution moyenne du mariage chrétien que devait finalement s'arrêter Augustin : pour lui [30] (comme d'ailleurs pour les amis qui l'accompagnaient dans son évolution [31]) la conversion au Christianisme apparut comme intimement liée à une conversion à la vie parfaite, à l'idéal monastique d'ascétisme et de chasteté. Le récit des *Confessions* ne laisse aucun doute là-dessus : quand il eut surmonté tous les obstacles de caractère spéculatif, Augustin demeura encore quelque temps hésitant sur le seuil, précisément parce qu'il ne se sentait pas le courage de s'engager désormais à la continence (comme le mariage projeté par Monique ne pouvait être conclu avant deux ans, Augustin, à peine libre, s'était hâté de prendre une seconde concubine [32]) ; et c'est finalement sur un appel à la pureté et à la chasteté, relu dans saint Paul, qu'il se résoudra... De cela aussi on s'est quelquefois étonné, surtout de notre temps, si attaché à mettre en valeur la sainteté du mariage. Certes, ni Augustin ni ses amis n'ont jamais contesté la légitimité de ce sacrement, ni la possibilité d'une telle sainteté ; s'ils s'en détournaient c'est peut-être, sans parler du fait que ces âmes nobles se sentaient appelées à la vocation la plus haute, parce que la civilisation païenne dont ils étaient imprégnés, dont ils avaient vécu jusque là, avait à ce point souillé la notion de vie sexuelle qu'il pouvait leur paraître, psychologiquement, plus facile d'y renoncer entièrement que d'imprégner d'esprit chrétien la pratique quotidienne d'une vie conjugale...

Plus graves et bien plus complexes furent les difficultés d'ordre proprement doctrinal. Lorsqu'à dix-huit ans Augustin sentit s'éveiller en lui la vocation philosophique, le réflexe de son éducation chrétienne joua et c'est tout naturellement dans le Christianisme qu'il chercha à satisfaire l'appétit de Vérité et de Sagesse que la lecture de l'*Hortensius* venait d'exciter : il essaya de se mettre à l'étude de la Bible, — et en sortit bientôt rebuté et déçu [33]. Le cas est banal ; que de fois dans l'histoire se retrouve le même diagnostic : carence de la famille et de l'Église dans la formation d'un jeune intellectuel ; orgueil naïf de celui-ci ; difficultés bibliques, — le scandale de la Croix s'incarne tout entier dans le Livre, « car il a plu à Dieu de sauver les croyants par la folie du Message » (*I Cor.*, I, 21) : pour Renan ou Loisy ce seront des difficultés d'ordre historique ; pour Augustin, comme plus tard pour les humanistes de la Renaissance, c'étaient des questions de pureté grammaticale et stylistique (l'Écriture lui parut trop « basse » et indigne d'être comparée à la majesté cicéronienne) : le contexte culturel peut changer, le scandale est toujours égal.

Le Catholicisme lui parut une religion bonne pour les simples comme était Monique, indigne d'un intellectuel cultivé ; il se laissa attirer par les sectateurs de Mani [34], le prophète iranien (216-277) dont la religion, avatar du vieux gnosticisme, s'était répandue, malgré bien des persécutions, jusqu'en Occident. Elle avait tout pour séduire le jeune rhéteur de Carthage : elle se présentait, et cela s'accordait à ce qui restait tout de même en lui de foi vivace dans le Christ, comme une forme supérieure et suprême de Christianisme : Mani, « Apôtre de Jésus-Christ », se présente comme le Paraclet promis dans l'Évangile, — ce qui ne l'empêche pas de revendiquer en Iran la succession de Zarathustra et en Asie Centrale ou en Chine (car le Manichéisme est allé jusque là) celle du Bouddha. Mais surtout cette religion révélée osait se définir comme une doctrine scientifique, rationnellement démontrée, et par là promettait de satisfaire l'ardeur du jeune penseur, impatient du joug de la foi. Il n'est pas jusqu'au caractère de doctrine secrète qui n'ait dû le ravir : l'occultisme a exercé une séduction puissante sur les âmes de la *Spätantike*.

Sceau de Mani (intaille en cristal de roche). L'inscription syriaque en caractères mani-chéens porte : « Mani, apôtre de Jésus-Christ » (Cabinet des Médailles, B. N.).

Peinture manichéenne. Grotte de Bäzäkeik.
(Copie d'A. Jacovleff, Musée Guimet).

Enfin et peut-être surtout, le Manichéisme résolvait de façon commode le problème moral, permettant d'unir de façon paradoxale l'idéal le plus élevé et la conduite la plus facile. Dualisme strict, le Manichéisme recommandait un ascétisme rigoureux, beaucoup plus absolu que l'ascétisme orthodoxe des Chrétiens. Il y a deux principes de l'être, celui du Bien et celui du Mal, et tout ce qui existe au sein du kosmos résulte d'un mélange, désastreux mais provisoire, d'éléments bons et d'éléments mauvais. L'idéal d'une vie sainte sera donc de travailler à rassembler et à dégager les parcelles de Lumière de leur gangue de Ténèbres : ce sera une vie d'abstinence au regard de la vie sexuelle (c'est la procréation surtout qui demeure interdite), de l'action, de la nourriture : jeûnes sévères, interdiction de la viande, du sang, du vin, — tous aliments « ténébreux » ; on recommande au contraire les aliments « lumineux », fruits aux belles couleurs, melon, concombre, dont les parcelles de Lumière s'agglomèrent à la propre substance lumineuse de celui qui les assimile... Mais, et c'est là l'essentiel, seuls parmi les adeptes, un petit nombre d'âmes exceptionnelles, les Élus, s'astreignent à cette règle de perfection ; la masse des autres, les simples Auditeurs, n'étaient tenus d'observer qu'un décalogue moral beaucoup plus simple ; tout au plus par leurs bonnes œuvres, c'est-à-dire en particulier les

27

services qu'ils pouvaient rendre aux Élus, ils pouvaient capitaliser du mérite et obtenir, dans une vie ultérieure, de renaître au corps d'un Élu. On devine qu'Augustin ne prétendit qu'au simple rang d'Auditeur.

Il allait pendant neuf ou dix ans graviter autour de la secte [35]. Au début, tout feu, tout flamme, il s'y jette avec enthousiasme, entraînant avec lui tout un groupe de ses amis [36], qu'il eut parfois plus tard bien du mal à regagner au Catholicisme [37]. Cependant les années passaient et peu à peu il perdait de ses illusions : le Manichéisme se révélait ce qu'il était, c'est-à-dire une mythologie d'une fantaisie échevelée, bien éloignée de la rigueur philosophique. Augustin connut les épreuves et les déceptions de tout ésotérisme : la révélation qui chassera tous les doutes est toujours pour demain ; quand au bout de neuf ans on lui fit enfin rencontrer le grand homme des Manichéens d'Afrique, Fauste de Milève, ce n'était pas le puits de science où il comptait étancher sa soif [38].

Il se détache dès lors du Manichéisme, mais sans pouvoir se débarrasser immédiatement (ses adversaires iront jusqu'à dire qu'il en gardera toujours quelque chose) de certaines formes de pensée qui continuent à l'écarter de la foi orthodoxe : c'est le matérialisme manichéen (car comme les Ténèbres, la Lumière est matière) qui l'empêche de concevoir une idée véritable de l'esprit et donc de Dieu ; ce sont aussi les objections, renouvelées du Gnosticisme, contre le Dieu d'Israël et cet Ancien Testament aux traits scandaleux ou cruels si éloignés de l'esprit de l'Évangile.

Il fallait, pour que ces obstacles soient levés, qu'Augustin fût nommé à Milan et connût saint Ambroise avec le milieu d'intellectuels catholiques qui gravitait autour de lui (le paradoxe est que cette nomination était due à l'entremise d'amis manichéens auprès du préfet de Rome, Symmaque, le chef du parti païen)[39]. Augustin n'a pas noué de relations directes très étroites avec l'évêque de Milan, mais il suivit assidûment sa prédication, attiré d'abord, en bon rhéteur, par l'éloquence et l'érudition de sa parole ; à l'entendre, il découvrit bientôt comment l'exégèse spirituelle qu'Ambroise, fidèle à la tradition patristique, donnait de l'Ancien Testament, faisait s'évanouir les difficultés si complaisamment exploitées par les Manichéens.

AMBROSIVS

Portrait contemporain de Saint Ambroise (Basilique Ambrosienne, Milan, IVᵉ s.).

Mais surtout, par Ambroise lui-même (que les recherches récentes ont montré plus nourri de philosophie qu'on n'avait cru)[40], par son conseiller théologique et futur successeur, le prêtre Simplicien [41], par d'autres lettrés de son entourage comme l'illustre Mallius Theodorus [42], Augustin découvrit le néo-platonisme et l'interprétation chrétienne qu'on en donnait dans ce milieu :

Buste présumé de Plotin
(Rome, Musée du Vatican).

pour ces catholiques milanais, le néo-platonisme était ce que sera l'aristotélisme pour la scolastique du XIIIe siècle : c'était *la* Philosophie, la vérité rationnellement établie, une philosophie qui, au prix de quelques retouches ou transpositions, se révélait capable d'aider la foi chrétienne à prendre conscience de sa structure interne et à s'élaborer en théologie : en fait c'est tout naturellement, dans ce milieu, qu'on passait des *Ennéades* au Prologue de l'*Évangile de Jean,* ou à saint Paul.

Augustin ne réalisera que progressivement combien, malgré tout, le Platonisme présentait de traits irréductibles au Christianisme, — son mépris du corps par exemple l'oppose à la conception authentiquement chrétienne de l'homme qui n'est pas seulement une âme mais aussi le corps, ce corps promis à la Résurrection. Pour l'instant ce fut un émerveillement : la lecture de quelques traités de Plotin et de Porphyre, qui lui étaient accessibles dans la traduction latine de Marius Victorinus, — autre rhéteur africain, autre célèbre converti, — allumèrent en lui, comme il l'écrivait, quelques mois plus tard à son ancien protecteur Romanianus, « un incendie incroyable » [43]. Ce fut l'événement décisif qui orienta toute l'évolution intellectuelle, et spirituelle, d'Augustin. D'un coup, toutes les difficultés étaient surmontées : la découverte du monde intelligible, et de sa réalité éminente, dissipait les aberrations du matérialisme ; une théorie de la connaissance, d'un dogmatisme raisonné, éliminait le scepticisme de la Nouvelle-Académie, chère à Cicéron, par lequel Augustin, découragé, avait failli un moment se laisser tenter...

Dès lors, pour lui, le problème, d'ordre pratique, était moins de croire que d'agir ; si quelque temps encore se poursuivirent en lui des débats déchirants, c'est qu'il hésitait toujours entre ses ambitions temporelles, — les honneurs, l'argent, le mariage, [44] — et l'appel à la vie parfaite. La dernière impulsion vint du récit que lui fit un ami de la conversion récente de deux jeunes policiers sous l'influence de la *Vie de saint Antoine,* — le Père des moines, — écrite par saint Athanase, et de la découverte de l'idéal monastique [45].

Nous tenons d'Augustin lui-même le récit de sa décision finale : c'est la scène la plus fameuse des *Confessions* [46], scrutée avec la plus inquiète minutie par la critique de nos historiens ; pourtant tout en elle est si simple
et si naturel : dans le jardin de sa maison de Milan, où il
méditait près de son ami Alypius, saint Augustin, tou-

jours déchiré devant le besoin d'aboutir, entendit la voix d'un enfant qui lui parut chanter : « Prends et lis ! », *Tolle, lege !* Il ouvrit le livre de saint Paul qui depuis quelque temps déjà ne le quittait plus (ses visiteurs le trouvaient sur sa table et il l'avait comme naturellement emporté avec lui au jardin [47]) ; on sait ce qu'il y trouva : « Plus de ripailles ni d'orgies, plus de coucheries ni de débauche ; revêtez-vous du Seigneur Jésus-Christ et ne cherchez plus à contenter la chair dans sa concupiscence ! » [48]

Ce fut comme une illumination : la décision était prise et d'entrer dans l'Église et de renoncer au monde : encore quelques semaines d'enseignement et, avec les vacances, saint Augustin s'évadait [49]. Il se retirait, en compagnie de sa mère, de son fils, de quelques disciples et amis, dans la propriété d'un de ses collègues, à Cassiciacum (30 km. au Nord de Milan, dans les collines de la Brianza) pour y passer les quelques mois qui devaient s'écouler avant la réception du baptême à la Pâques prochaine ; il y menait, dans l'apaisement d'un lendemain de conversion, occupé à rédiger ses premiers *Dialogues* philosophiques, cette vie de retraite, d'oraison et d'études où il plaçait désormais son idéal, — synthèse du *bios philosophikos* des Grecs, de l'*otium liberale* de Cicéron et de l'anachorèse chrétienne.

La mort de Monique, survenue à Ostie au moment où ils allaient s'embarquer [50], retarda d'un an le retour en Afrique [51] : Augustin revint à Thagaste, vendit les propriétés paternelles et, groupant autour de lui ses plus fidèles amis, organisa une sorte de communauté monastique au sein de laquelle il pensait bien passer le reste de ses jours dans le recueillement, l'ascèse et l'approfondissement de sa vocation, philosophique autant que religieuse [52]. En fait cette période heureuse ne devait pas durer trois ans (automne 388, début 391)...

Le renoncement au monde, tel qu'avec tout l'ancien monachisme le comprenait Augustin, impliquait aussi qu'on se tînt à l'écart des honneurs et des charges du clergé. En fait, comme il nous l'apprend, il prenait bien soin, quand il quittait Thagaste, de ne pas se rendre dans une ville dont le siège épiscopal, vacant, risquât de lui être proposé [53] Mais la main de Dieu le conduisit

un jour à Hippone, *Hippo Regius* (Annaba) ; entré dans l'église, il entendit l'évêque Valerius proposer à son peuple le choix d'un prêtre susceptible de le seconder, en particulier pour le ministère de la prédication (Valerius était vieux et, Grec d'origine, malhabile à prêcher en latin.) On pense bien que l'arrivée d'Augustin n'était pas passée inaperçue. Ce ne fut qu'un cri : « Augustin, prêtre ! » On le saisit, le pousse en avant jusqu'au chœur et, malgré ses protestations et ses larmes, son ordination est décidée [51].

De tels faits n'avaient alors rien d'anormal (saint Ambroise fut élu par acclamations évêque de Milan alors que, simple catéchumène, il était intervenu en tant que gouverneur de la province, pour mettre de l'ordre dans l'assemblée tumultueuse). On s'en étonne souvent aujourd'hui, pour se faire de la « vocation » ecclésiastique une idée trop subjective, et par là faussée : la vocation, c'est l'appel que (normalement par la voix de l'évêque) l'Église adresse à un Chrétien pour lui demander de se mettre au service du peuple de Dieu.

A cet appel, qui exigeait de lui un changement de vie total et de renoncer à ses plus chères espérances, Augustin répondit, désolé mais résolu, d'un cœur totalement donné. Dans des circonstances parallèles, saint Jérôme n'avait accepté la prêtrise qu'à la condition d'être déchargé de toute obligation pastorale : Saint Augustin n'a pas eu ce réflexe de défense de l'intellectuel menacé dans ses

Hippo Regius
Borne-limite de la cité romaine.

chères études, il a accepté de faire passer son amour pour la vie contemplative après les exigences d'un ministère qui se révéla bientôt accablant. Mais un tel sacrifice n'est jamais sans récompense, et déjà sur cette terre : nous mesurons sans aucun effort tout ce que l'esprit d'Augustin a gagné pour s'être soumis, sans réserve, à cette féconde servitude. Il est vraiment devenu l'intellectuel passé au service du peuple, sorti de la tour d'ivoire de ses petites préoccupations personnelles : responsable devant Dieu de toute une communauté, il s'ouvrit plus largement aux problèmes réels, à la connaissance de la vie et de l'homme; mieux encore, le service des autres lui permit d'approfondir le mystère du Christ, de ce « Christ total », *Christus totus*, qu'on ne peut connaître et aimer pleinement tant qu'on ne l'a pas reconnu, présent, parmi le plus humble de ses frères.

L'historien doit ajouter (dût-il par là contrister quelque lecteur) que la religion d'Augustin devenue plus profondément chrétienne devint aussi peu à peu plus authentiquement, intégralement « catholique », — et cela même au sens où le Protestantisme libéral, un peu gêné, parlait de *Vulgarkatholizismus* : au contact de la foi populaire, de ses richesses, et de ses servitudes il apprit à comprendre les formes de dévotion qui heurtaient d'abord les exigences de sa pure mais hautaine philosophie : le culte des martyrs, les reliques, les miracles...

Ainsi, prêtre à trente-six ans, sacré cinq ans plus tard évêque coadjuteur de Valère [55] à qui il succédait bientôt, saint Augustin allait jusqu'à sa mort, soit pendant près de quarante années, demeurer attaché à l'Église d'Hippone-la-Royale (les érudits du XVIIe siècle croyaient savoir qu'*Hippo* venait d'un mot punique signifiant « baie » ou « port », si bien, — soulignaient-ils avec ravissement, — qu'*Hippo Regius* signifierait « Port-Royal »).

On s'en est quelquefois désolé, regrettant qu'un si grand génie ait été de la sorte amené à se dépenser sans compter pour une petite poignée de fidèles ignorants au fond d'une province écartée. Erreur de perspective : Hippone n'était pas le petit siège qu'on imagine, et Augustin n'y fut pas confiné. Des fouilles récentes viennent de révéler quelle était la splendeur de la ville romaine d'Hippone, la majesté de ses établissements ecclésiastiques : c'était en importance la seconde ville d'Afrique, immédiatement après Carthage.

Quelle qu'ait été la place occupée par saint Augustin dans la hiérarchie africaine (les évêques de Numidie étaient rangés d'après l'ancienneté de leur ordination, le doyen, *senex*, faisant fonction de primat), sa valeur personnelle, son activité débordante lui assurèrent une place de premier plan : encore simple prêtre, nous le voyons chargé de prêcher devant l'ensemble de l'épiscopat africain réuni en Concile plénier à Hippone [56] ; pendant tout son épiscopat, nous le voyons très souvent appelé hors d'Hippone, notamment à Carthage où il a souvent prêché. Le chef incontesté de l'Église d'Afrique était le primat de Carthage ; pendant toute la carrière ecclésiastique d'Augustin, ce siège fut occupé par son ami Aurelius qui sut le comprendre et l'utiliser, lui cédant volontiers la parole ou la plume : de fait, c'est Augustin qui, pendant toute cette période, fut le véritable animateur de toute la politique ecclésiastique africaine.

Enfin, et cela largement grâce au zèle de son cher Alypius (lui-même bientôt également appelé à l'épiscopat : il fut nommé, quand Augustin n'était encore que prêtre, au siège de leur ville natale de Thagaste), qui, plus riche, plus hardi, grand voyageur, se fit activement l'agent publicitaire de son maître et ami, il entra en relations épistolaires avec saint Paulin, évêque de Nole en Campanie [57], avec le prêtre saint Jérôme, moine à Bethléem [58] (relations, celles-ci longtemps orageuses, si elles finirent par devenir amicales) ; il resta en rapport avec Simplicien de Milan, intervint auprès des Papes successifs, des ministres, des empereurs ; sa correspondance s'étend à la Gaule, à la Dalmatie ; sa renommée finit, fait remarquable, par s'étendre à l'Orient (à la faveur de l'ampleur assumée par la querelle pélagienne) : il était mort depuis quelques semaines quand parvint à Hippone l'envoyé de l'empereur Valentinien III, venu l'inviter à siéger au grand Concile œcuménique d'Éphèse convoqué pour 431 [59].

Il n'en reste pas moins que saint Augustin s'est d'abord et principalement consacré au service de son église d'Hippone. Évêque, il avait voulu rester moine et, comme Eusèbe de Vercelli en avait donné l'exemple cinquante ans plus tôt, il organisa, à l'ombre de sa cathédrale, une sorte de monastère [60] où il vivait en communauté avec ses prêtres, diacres et autres clercs, sous une règle stricte :

Decumanus maximus, à Hippone.

La basilique chrétienne d'Hippone et ses annexes.

ascétisme (modéré : Augustin tient à réagir, notamment en matière alimentaire, contre la surenchère manichéenne), chasteté (la « clôture » était rigoureuse) et surtout pauvreté (chacun, en entrant dans la communauté, fait abandon de ses biens). Cette communauté épiscopale, qui devait inspirer au moyen âge l'organisation des communautés de chanoines, fut comme une pépinière de l'Église d'Afrique, à qui elle donna, outre des simples clercs, une dizaine d'évêques, inspirés du même idéal, — comme nous l'apprend le premier biographe d'Augustin, Possidius, lui-même formé dans ce monastère avant de devenir évêque de Guelma.

Le type de vie ainsi réalisé présente par rapport au monachisme habituel des caractères originaux : son idéal est la vie apostolique, et tout (par exemple le travail

manuel, si important ailleurs) est sacrifié aux exigences du ministère : Augustin songe d'abord à bien remplir son métier d'évêque, — métier accablant.

Il y a d'abord les fonctions proprement religieuses : l'Église, à cette époque, reste encore fortement organisée autour de la personne centrale de l'évêque : à lui de présider la célébration, — quotidienne, — de la liturgie, l'administration des sacrements ; à lui le ministère de la Parole : l'« Église enseignante », c'est l'évêque : il est exceptionnel en Occident de le voir déléguer ce soin à un simple prêtre, comme il arriva pour Valerius et Augustin. Prédication les dimanches, fêtes, d'autres jours aussi, et même plusieurs fois par jour : les quelque cinq cents *Sermons* que nous possédons de lui, tels qu'ils ont été recueillis sous la dictée par des sténographes, témoignent de l'im-

Le baptistère.

portance et de la valeur de cet enseignement. L'évêque d'Hippone dirige encore l'instruction catéchétique des nouveaux convertis et des futurs baptisés ; ajoutons l'enseignement religieux donné en privé, la direction spirituelle (sa correspondance nous le montre attentif au soin des âmes les plus diverses), les œuvres de charité, qui jouent un grand rôle dans la vie de l'Église de cette époque, si dure aux faibles et aux petits. De proche en proche, les responsabilités de saint Augustin se font très étendues : défenseur des pauvres, il intervient auprès des Puissants et des magistrats pour les coupables ou les opprimés [61] : c'est aujourd'hui le droit d'asile à faire respecter [62], un autre jour nous le trouvons fort encombré de la tutelle d'une orpheline et du souci embarrassant de lui choisir un mari [63].

La fonction épiscopale impliquait d'autre part l'administration proprement dite du patrimoine de l'Église, terres ou immeubles provenant de donations, vite suspectes aux yeux des envieux, des dons en nature ou en argent reçus pour le service du culte ou pour les pauvres. Tout cela trouve son équivalent encore aujourd'hui, mais au IVe-Ve siècle le métier d'évêque comportait bien d'autres servitudes : l'Empire chrétien s'acheminait vers un type de Chrétienté déjà médiéval, où le spirituel et le temporel, la compétence de l'Église et de l'État se rapprochent et se mêlent inextricablement. Depuis Constantin, l'empire a reconnu la compétence de la juridiction épiscopale dans les procès civils, dès lors qu'une des parties préfère y recourir plutôt qu'aux tribunaux. Or, de plus en plus, les plaideurs, même païens, préfèrent recourir à l'évêque comme à un juge plus impartial, plus juste, — plus humain aussi, et la chose se comprend quand on connaît la barbarie des procédés judiciaires, l'usage généralisé de la torture (saint Augustin s'honore quelque part de ne pas recourir à des châtiments plus sévères que les verges). Aussi, rendre la justice (et il s'agit des questions les plus profanes : héritages, tutelles, questions de propriété, de bornage) est pour un évêque comme Augustin la plus lourde des obligations ; tous les matins, au sortir de la liturgie, il prend place à son tribunal, écoutant les plaideurs jusqu'à l'heure de rompre le jeûne, qui, les jours d'affluence, se trouve prolongé bien au-delà de la matinée, jusqu'au soir [64].

Si on garde présent à l'esprit l'ensemble des travaux dépensés au service de l'Église d'Afrique, — voyages, prédications, conciles, négociations, disputes et colloques, toutes ces affaires qui l'appellent en dehors de son diocèse, si souvent, et parfois pour si longtemps que le bon peuple d'Hippone finit par protester —, on comprendra la résonance profonde de cette plainte qui s'élève tout au long de la correspondance de saint Augustin, accablé par le poids de son ministère, *episcopalis sarcina* [65]. On mesure alors l'étendue du sacrifice qu'avait représenté une telle charge pour cette âme toute intérieure, pour ce contemplatif, ce penseur, à qui toute forme d'action devait paraître insupportable, le métier d'écrivain seul excepté.

Mais une vocation profonde se révèle, quelles que soient les circonstances, toujours irrépressible : l'admirable est qu'avec une vie si occupée, saint Augustin soit non seulement demeuré fidèle à sa vocation de contemplatif, mais qu'il ait su réaliser cette œuvre immense, dont le bon Possidius se demande s'il sera jamais possible à quelqu'un de la lire tout entière [66] : 113 ouvrages, certains de dimension considérable, 218 lettres, plus de 500 sermons conservés...

Certes, cela n'a pas été possible sans beaucoup de difficultés : la rédaction de ses grands ouvrages, les *Confessions* exceptées, a traîné pendant des années et des années ; il lui a fallu vingt ans pour venir à bout des XV livres *sur la Trinité*, treize ou quatorze pour les XII livres *sur la Genèse*, ou les XXII *sur la Cité de Dieu*, sans parler d'œuvres abandonnées en chantier comme le *de Doctrina Christiana* qui dut attendre trente ans aux deux-tiers rédigé pour être repris et mené à terme. Si ces longs délais ont aidé sa pensée à s'approfondir (la chose est bien visible pour la *Cité de Dieu*, au départ, simple écrit de circonstance inspiré par la catastrophe de 410, et qui, élargi de proche en proche, finit par devenir cette puissante Somme *contra Paganos*), de combien de défauts par contre ne sont-ils pas responsables : le meilleur livre est celui qui une fois conçu se rédige d'un trait. Mais que d'efforts supposent de telles réalisations, péniblement arrachées à un emploi du temps surchargé !

A mesure que passent les années et que la vieillesse menace, nous voyons saint Augustin de plus en plus préoccupé de défendre son œuvre, et le loisir qu'elle exige, contre l'envahissement des occupations extérieures : en 414, — il a soixante ans —, on le voit s'efforcer de rogner celles-ci, il voudrait ne plus s'occuper d'affaires étrangères à son diocèse [67] (de fait il restera quelques années sans aller à Carthage, — mais bientôt le développement de la crise pélagienne l'amènera de nouveau à s'exporter) ; en 426, — à soixante-douze ans —, il reporte le plus gros de ses fonctions ecclésiastiques sur son successeur désigné, le prêtre Heraclius (c'est un peu la situation où s'était trouvé Augustin à ses débuts aux côtés de Valère, mais, pour éviter l'irrégularité canonique dont avait été entachée sa consécration, Heraclius ne recevra pas la dignité épiscopale du vivant de son prédécesseur) : il est entendu que saint Augustin sera déchargé de tout dérangement pendant cinq jours par semaine afin de pouvoir vaquer en toute tranquillité à ses travaux, — comme il se l'est fait recommander par les conciles de Numidie et d'Afrique [68].

Il savait bien que cette œuvre écrite n'était pas la chose la moins importante de sa vie : il avait le sentiment d'être par là utile à l'Église tout entière, celle de son temps et celle à venir [69]: nous le voyons, à la fin de sa vie, préoccupé de mettre ses livres en ordre, d'en dresser le catalogue, de les réviser et d'en assurer la conservation, — pour la postérité [70].

Notes

1. *Confessions*, IX, 8 (17).
2. *Cité de Dieu*, II, 29.
3. *Confessions*, II, 3 (5) ; *Lettres*, 126, 7 ; 157, 4 (59) ; POSSIDIUS, *Vita*, 1.
4. *Conf.*, II, 3 (5).
5. *Contra Academicos*, II, 2 (3).
6. *Conf.*, I, 13 (20), 14 (23).
7. *Conf.*, IX, 8 (17) sq.
8. *Enarratio in Psalm.*, 57, 7.
9. *Conf.*, III, 4 (7) ; VIII, 7 (17).
10. *Conf.*, IV, 16 (28).
11. *Conf.*, III, 4 (7).
12. *Conf.*, IV, 1 (1), 4 (7).
13. *Conf.*, VII, 7 (12) ; *C. Academ.*, II, 2 (3).
14. *Conf.*, VI, 7 (11).
15. *De cura pro mortuis gerenda*, 11 (13).
16. *Conf.*, VI, 7 (11) sq.
17. *Conf.*, V, 8 (14), 12 (22).
18. *Conf.*, V, 13 (23).
19. *Conf.*, VI, 11 (18-19).
20. *Conf.*, X, 27 (38).
21. *Conf.*, I, 11 (17).
22. *Lettre* 93, 13 (51).
23. *Conf.*, II, 4 (9) sq.
24. *Conf.*, II, 1 (1) ; III, 1 (1).
25. B. LEGEWIE.
26. *Conf.*, VI, 2 (2) ; IX, 6 (14).
27. L. BERTRAND (1935), L. GAUBERT (*Esprit*, nov. 1932 sq.)
28. *Conf.*, VI, 15 (25).
29. *De bono conjugali*, 5 (5).
30. *Conf.*, VIII, 1 (2), 6 (13), 7 (17).
31. *Conf.*, IX, 3 (11).
32. *Conf.*, VI, 13 (23) ; 15 (25).
33. *Conf.*, III, 5 (9) ; *Sermon* 51, 4-5.
34. *Conf.*, III, 6 (10) sq.
35. *Conf.*, IV, 1 (1).
36. *Conf.*, IV, 4 (7) ; VI, 7 (12).
37. *Contra Academicos*, II, 3 (8) ; *De vera religione*, 7 (12) ; *De utilitate credendi*, 1.

38. *Conf.*, v, 6 (10) sq.
39. *Conf.*, v, 13 (23).
40. Saint AMBROISE, *De Isaac, De Bono mortis.*
41. *Conf.*, VII, 1 (1) sq. ; *Cité de Dieu*, x, 29, 2.
42. *De beata vita*, 1 (1-5) ; *Retractationes*, 2 ; cf. *Conf.*, VII, 9 (13).
43. *Contra Academicos*, II, 2 (5).
44. *Conf.*, VII, 1 (2) ; cf., VI, 6 (9).
45. *Conf.*, VIII, 6 (14) sq.
46. *Conf.*, VIII, 8 (19) sq.
47. *Conf.*, VIII, 6 (14) ; 12 (29).
48. *Rom.*, 13, 13.
49. *Conf.*, IX, 2 (2) sq.
50. *Conf.*, IX, 7 (8) sq.
51. *Retract.*, 6 ; 7, 1 ; 8, 1 ; 9, 1 ; *Contra litteras Petiliani*, III, 25 (30).
52. *Lettres* 126, 7 ; 157, 4 (39) ; POSSIDIUS, *Vita*, 3.
53. *Sermon* 355, 2.
54. POSSIDIUS, *Vita*, 3-4.
55. POSSIDIUS, *Vita*, 8.
56. *Retract*, 17 (*De fide et symbolo*).
57. *Lettres* 24, 25, 27.
58. *Lettre* 28, 1 (1).
59. LIBERATUS de Carthage, *Breviarium*, 4 (17), p. 103 Schwartz.
60. *Sermons* 355, 356 ; POSSIDIUS, *Vita*, 11, 22-26.
61. *Lettres* 152-154.
62. *Lettres* 113-116.
63. *Lettres* 252-254.
64. POSSIDIUS, *Vita*, 19.
65. *Lettre* 86 ; *Sermon* Frangipane 2, 1-4.
66. POSSIDIUS, *Vita*, 18.
67. *Lettre* 151, 13.
68. *Lettre* 213, 5.
69. *Lettre* 151, 13.
70. *Lettre* 143, 2 ; *Retract.*, prol. ; 94 (II, 67) ; POSSIDIUS, *Vita*, 28, 31.

L'Atelier de saint Augustin
Manuscrit de La Cité de Dieu *(Bibl. Ste Geneviève, XVe s.).*

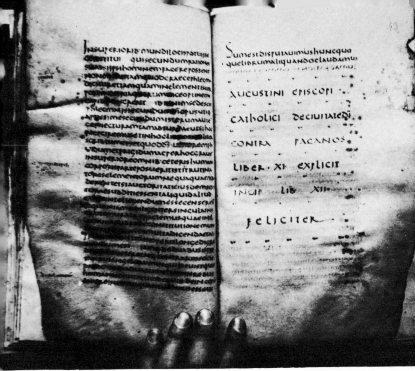

Le plus ancien manuscrit du De Civitate Dei *(milieu du V*[e] *siècle). Bibilothèque capitulaire de Vérone.*

L'ŒUVRE

Les dimensions considérables, mais aussi la variété de cette œuvre, rendent difficile une présentation sommaire ; il y a là des livres d'une conception tout à fait originale comme les *Confessions*, qui ne sont pas simplement une autobiographie d'une étonnante profondeur d'analyse, ou comme les *Rétractationes*, catalogue raisonné et critique de ses ouvrages antérieurs, œuvre étrange, passionnante pour l'historien à cause des précisions qu'il

47

CARRIÈRE ECCLÉSIASTIQUE ET LITTÉRAIRE

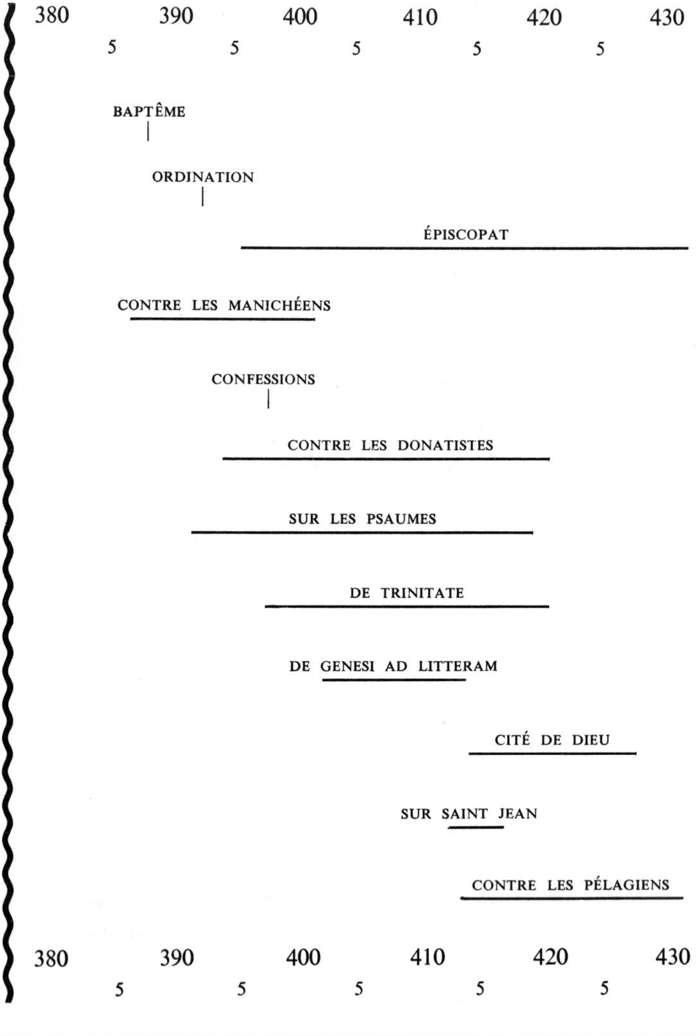

380	390	400	410	420	430
5	5	5	5	5	

BAPTÊME

ORDINATION

ÉPISCOPAT

CONTRE LES MANICHÉENS

CONFESSIONS

CONTRE LES DONATISTES

SUR LES PSAUMES

DE TRINITATE

DE GENESI AD LITTERAM

CITÉ DE DIEU

SUR SAINT JEAN

CONTRE LES PÉLAGIENS

380	390	400	410	420	430
5	5	5	5	5	

nous fournit sur la date, la genèse, la portée de chaque livre, un peu décevante toutefois parce que les préoccupations polémiques de sa vieillesse amènent Augustin non seulement à se critiquer avec une inquiète minutie, mais aussi, trop souvent, à défendre, quelquefois de façon un peu artificieuse, les passages de son œuvre mis en cause par ses adversaires.

Mais comme il est arrivé à beaucoup d'autres parmi les Pères de l'Église, la plupart des œuvres de saint Augustin lui ont été inspirées par les problèmes ou les préoccupations qui tourmentaient l'Église de son temps ; en matière de théologie, par exemple, rares sont les traités qui soient sortis, comme l'admirable et puissant *de Trinitate*, d'une exigence spontanée et toute intérieure, encore que même là les préoccupations polémiques ne soient pas absentes. D'où l'importance que prend dans les écrits de l'évêque d'Hippone la lutte contre les ennemis de l'Église et de l'orthodoxie : ce ne sont que controverses, attaques, réponses, réfutations, mises au point, comptes rendus de conférences contradictoires (on aimait beaucoup alors ces débats oratoires et, comme il est facile de l'imaginer, notre ancien rhéteur y excellait.) Voulant joindre à la *Vie* de son maître un tableau de son œuvre, Possidius n'a rien trouvé de mieux que de la classer d'après les adversaires qu'Augustin avait pourfendus :

1. *Contre les Païens*, 2. *Contre les Astrologues*, 3. *Contre les Juifs*, 4. *Contre les Manichéens*, 5. *Contre les Priscillanistes*, 6. *Contre les Donatistes*, 7. *Contre les Pélagiens*, 8. *Contre les Ariens*, 9. *Contre les Apollinaristes*.

Il s'en faut que toutes ces luttes aient également préoccupé Augustin, ni de la même façon ; l'Arianisme par exemple était passé un peu au second plan depuis que Théodose et le Concile de Constantinople (381) avaient assuré le triomphe de l'orthodoxie nicéenne dans l'Empire : les Ariens désormais se recrutent surtout chez les Germains convertis par Wulfila ; saint Augustin n'aura guère à les combattre, sinon spéculativement, avant qu'à la fin de sa vie il ne se trouve en présence des aumôniers des troupes barbares envoyées d'Italie en Afrique pour combattre la révolte du comte Boniface (427). On a pu, négligeant ces polémiques secondaires, schématiser à l'extrême la carrière ecclésiastique de saint Augustin en trois périodes où dominent successivement :

de 387 à 400 *la lutte contre les Manichéens,*
de 400 à 412 *la lutte contre les Donatistes,*
de 412 à 430 *la lutte contre les Pélagiens.*

Si on prend goût à ce petit jeu du Digeste, on pourrait aller jusqu'à condenser en quatre slogans tout l'essentiel de la pensée du grand docteur, qui apparaît comme :

- *philosophe de l'essence contre les Manichéens.*
- *docteur de l'Église contre les Donatistes,*
- *théologien de l'histoire contre les Païens,*
- *champion de la grâce contre les Pélagiens.*

Mais le jeu n'a d'intérêt que si l'on sait n'en être pas dupe, car tout cela, bien entendu, est beaucoup trop sommaire. S'il est bien vrai que, dans les premières années de sa vie chrétienne, la réfutation de ses anciens amis Manichéens occupe beaucoup saint Augustin, inquiet de la propagande jadis dépensée à leur service, cette période mérite d'être appelée plus encore la période philosophique : c'est alors que saint Augustin rédige ses *Dialogues* (les premiers, inspirés quant à la forme de Cicéron, remontent à l'automne 386 et ont été écrits pendant le séjour de retraite à Cassiciacum), sous l'emprise de son nouvel idéal de Néoplatonisme chrétien : la polémique, quand polémique il y a, est dirigée contre le scepticisme de la Nouvelle Académie au moins autant que contre le pessimisme manichéen.

D'autre part, c'est dès son entrée dans les ordres que saint Augustin rencontre le difficile problème du schisme donatiste qui depuis 312 déchire l'Église d'Afrique : une histoire absurde, comme tous les schismes, issue d'obscures querelles autour d'une élection contestée au siège de Carthage (en clair, une de ces innombrables affaires d'épuration, comme il arrive toujours après une période de persécution, — celle ici de Dioclétien, — quand s'affrontent les résistants et les faibles, — les plus ardents parmi les partisans de la sévérité n'étant pas toujours ceux qui, au temps du danger, s'étaient montrés les plus purs !), mais une affaire très grave, dressant, Église contre Église, dans beaucoup de villes (dont Hippone) évêque contre évêque, impliquant, sous les aspects techniques proprement religieux, des composantes politiques et sociales : le parti donatiste se recrute surtout dans les pays berbères les moins romanisés, parmi le prolétariat agricole opprimé par les grands propriétaires :

Tombe de l'évêque donatiste Optat de Timgad (mort en 398). Un entonnoir percé au-dessus de la bouche du défunt permettait de lui verser des libations nourrissantes.

il y a dans l'agitation donatiste tout un aspect de révolte sociale et de jacquerie. Que d'efforts dépensés par Augustin pour essayer de convaincre ces adversaires obstinés, bien résolus à refuser l'unité, depuis son curieux *Psaume alphabétique*, de 394, rédigé dans un latin populaire et en vers rythmés, jusqu'à la grande conférence contradictoire de Juin 411 qui rassemble à Carthage, sous la présidence d'un commissaire impérial, les deux épiscopats rivaux et qui sera un triomphe pour Augustin et pour la cause catholique.

Cette année 411 marque bien un tournant dans la vie de notre évêque : après la Conférence de Carthage, c'en est fait de ces adversaires (bien que saint Augustin ait encore eu à polémiquer avec eux jusque vers 418-420) ; définitivement condamnés par le pouvoir impérial, les Donatistes se voient pourchassés par celui-ci (ce n'est pas sans peine que saint Augustin a admis cette intervention du bras séculier) et ramenés à l'unité d'une main aussi brutale que celle que Louis XIV abattra sur les protestants, — et aussi efficace. Saint Augustin pouvait donc s'attendre à respirer ; mais l'été de cette même année n'était pas écoulé qu'un Concile de Carthage condamnait, dans la personne de son disciple Cælestius, les erreurs du moine Pélage, — acte décisif qui ouvrait une nouvelle période de luttes doctrinales, et pour Augustin de terribles combats. Originaire de Grande-Bretagne (on a même voulu voir dans *Pelagius* une transcription grecque du nom celtique *Morgan*), mais fixé à Rome, Pélage avait, comme tant d'autres, fui devant l'invasion d'Alaric pour se réfugier en Afrique. Il avait cherché à entrer en relations avec l'évêque d'Hippone, mais celui-ci avait répondu à ses avances par un billet de douze lignes qui est un chef-d'œuvre de circonspection [1].

Il semble bien en effet que saint Augustin ait été déjà mis en garde contre l'enseignement de Pélage [2] : en bon moine (car Pélage était un ascète, unanimement respecté), en moraliste soucieux de progrès spirituel, il insistait surtout sur l'effort à dépenser par l'homme, mais cela l'avait amené, à force de mettre l'accent sur le libre-arbitre et son efficacité, à minimiser, sinon à nier le rôle de l'intervention divine, de la prédestination et de la grâce dans la vie humaine et le salut. C'était là heurter de front et la théologie et l'expérience intérieure du converti qu'était saint Augustin. On comprend la netteté, la violence de sa réaction.

Mais il avait affaire, cette fois, à bien forte partie : il trouvait dans Pélage, Cælestius ou, après l'effacement de ces premiers champions, dans cet étonnant Julien, évêque d'Éclane en Campanie, l'infatigable adversaire de ses dernières années, de tout autres adversaires que les médiocres Donatistes ou Manichéens d'Afrique rencontrés jusque-là.

Après s'y être frotté, saint Augustin ne parlera plus qu'avec un profond respect de ces *grands et subtils esprits* [3] : c'étaient en effet des hommes très remarquables, très cultivés (on a pu dire de Julien qu'il était le plus grand maître que la langue latine ait connu depuis Tertullien[4]), capables comme logiciens, dialecticiens, disputeurs, de rendre des points à Augustin lui-même, comme il s'en aperçut

1. Les notes et références concernant ce chapitre se trouvent à la p. 59.

Julien, évêque d'Éclane
« canonisé » par Pietro de' Natali (d'après une éd. du XVIe s.).

bientôt. Et que dire de leur tactique, de leur habileté à en appeler d'un Concile à un autre, des évêques d'Afrique à ceux de l'Orient grec, du pape défunt à son successeur... Quelle adresse à rétorquer par des arguments personnels : à saint Augustin qui leur oppose saint Paul, la tradition la plus constante et la plus obvie de l'enseignement ecclésiastique, ils répondent en fouillant ses écrits et son passé, tâchant de le mettre en contradiction avec lui-même (n'avait-il pas, dans l'optimisme d'un lendemain de conversion, consacré trois livres à la gloire du Libre-arbitre ?), ou interprétant la sévérité de sa doctrine comme la réaction du pécheur repenti (Pélage, lui, n'avait pas volé de poires dans son enfance, ni entretenu de concubine !), ou, pis encore, une survivance du Manichéen qu'il avait été.

En bons héritiers de la tradition disputeuse de la philosophie classique, ils s'ingéniaient à poursuivre leur adversaire sur son propre terrain, à le confronter avec les conséquences les plus extrêmes impliquées par les principes qu'il avait énoncés, — tel jadis Carnéade poursuivant les Stoïciens et les contraignant d'assumer la responsabilité de leurs fameux paradoxes. Ainsi : à l'optimisme pélagien, Augustin opposait, — argument massue, — la pratique liturgique du baptême des tout-petits enfants, à qui nul péché actuel ne peut pourtant être reproché ; mais alors, répliquait-on, que faites-vous des enfants morts sans baptême, ces innombrables pauvres petits innocents, condamnés au feu éternel ? Et que devient la Justice de Dieu ?

On ne saurait trop insister sur l'importance de ce climat polémique et sur les conséquences qui en sont résultées pour l'œuvre des dernières années de saint Augustin et pour l'orientation de son influence. C'est à la polémique anti-pélagienne qu'il doit d'être passé à la postérité surtout, ou d'abord, comme le théologien du péché originel, de la prédestination, de la grâce, comme le moraliste de la concupiscence et de la misère de l'homme abandonné à ses seules forces. Il est bien vrai qu'en face du rationalisme et du naturalisme de Pélage (pour qui la grâce, c'est la belle nature que nous a conférée le Créateur, et sa liberté) saint Augustin apparaît comme la porte-parole de la plus constante et authentique tradition chrétienne (que devient chez Pélage le scandale de la Croix ?), comme le champion de Dieu, le héraut de sa Transcendance, de son ineffable impénétrabilité. Il est bien certain aussi que dans tout ce qu'il répond aux Pélagiens, saint Augustin ne rend pas toujours un son aussi pleinement satisfaisant. L'orthodoxie ne s'y est pas trompée : en maintenant une zone d'indétermination autour de ces problèmes si difficiles et, à l'échelle humaine, probablement insolubles, elle a bien précisé que sa position s'établissait notablement en-deçà de l'extrémisme augustinien dont le « système » propre n'a jamais paru totalement acceptable.

Lettre d'Augustin contre les Pélagiens.
Manuscrit du Vᵉ s. (Bibliothèque d'Orléans).

Il faut mesurer en effet combien il se laisse facilement emporter par son élan, dans le feu de la discussion et poussé à bout par la contre-offensive, obstinée et habile, de ses adversaires ; comme il arrive toujours, il finit par accepter le terrain choisi par l'ennemi (son système en arrive lui aussi à devenir trop rationnel, à trop bien réussir à tout expliquer) ; le dos au mur, il est contraint d'outrer son expression, sinon toujours sa pensée (c'est dans la tradition de la technique des vieux rhéteurs : il faut toujours démontrer le plus, pour n'être pas entraîné à concéder le moins, — un peu comme les militaires commencent leur défensive en avant de la ligne qu'ils sont décidés à ne pas laisser enfoncer).

En fait, c'est une tout autre image qu'on se fait de la théologie augustinienne, une image beaucoup moins dure que celle du terrible docteur de la prédestination (pour qui, peut-on dire, les hurlements des damnés entrent à titre de dissonance expressive dans le concert qui fait le bonheur des Élus) lorsqu'on cherche à saisir sa position réelle, en tenant compte non seulement de ses écrits anti-pélagiens mais aussi de ceux qui reflètent l'enseignement officiels, la catéchèse qu'il donnait à son peuple. Mais ses exagérations subsistent (on ne peut relire les écrits de ces années 412-430 sans relever à chaque instant ce qu'on pourrait appeler des pièges à Jansenius) : si, comme le montre l'histoire de son influence, de graves contre-sens ont été, si souvent, commis sur sa véritable pensée, Augustin en est lui-même, pour une large part, le premier responsable.

Mais si grande que soit la part de la controverse dans l'œuvre de saint Augustin, il ne faudrait pas réduire celle-ci à celle-là ; le parti adopté par Possidius dans son catalogue a quelque chose d'artificiel : à ses neuf premières rubriques, polémiques, qui ne rassemblent au total que 160 titres, il est obligé d'ajouter une dixième — œuvres diverses « utiles à tous », — qui à elle seule en représente 475... On comprend l'embarras du bon Possidius : cet énorme ensemble d'écrits *ad utilitatem studiosorum omnium* se révèle rebelle à tout classement : quelques catégories qu'on imagine, il reste toujours un résidu : richesse de l'esprit augustinien, sollicité en tous sens (bien caractéristique, le recueil intitulé *Sur quatre-vingt-trois questions diverses*, où il y a de fait un peu de tout), diversité aussi des tâches que lui impose le service de l'Église (tout à la fin de sa vie, il lui faut, sur l'insistance du diacre, — sans doute le futur évêque de Carthage —, Quod vult deus, compiler un catalogue de toutes les hérésies : 88 au total, de Simon le Magicien à, bien entendu, Pélage et Cælestius !). C'est d'autre part un caractère spécifique du génie augustinien que de se refuser aux distinctions trop nettes : il n'est pas toujours facile chez lui de savoir où s'arrête la philosophie et où commence la théologie, et quand de l'une et de l'autre on passe à la mystique. Les genres mêmes ne sont pas bien distingués : certaines des 224 lettres éditées dans sa *Correspondance* ont l'importance de véritables traités, et sont d'ailleurs recensées comme tels dans les *Rétractations*[5]. Cela s'explique par les méthodes de diffusion du livre dans l'antiquité : à cette époque (c'est-à-dire bien avant Gutenberg), « éditer » un ouvrage c'est tout simplement mettre en circulation *un* exemplaire-type, en autorisant les lecteurs à en faire établir une copie, si bien que la frontière est très indistincte qui sépare une lettre, communiquée à d'autres par son destinataire, du traité proprement dit, qui s'ouvre souvent sur une dédicace. Pour les mêmes raisons, il est parfois difficile de discerner le sermon du traité.

Je ne reviens pas sur les *Dialogues* philosophiques, ni sur les traités de théologie dogmatique dont le *de Trinitate* est le modèle ; il faut souligner que le pasteur d'âmes qu'était l'évêque d'Hippone a eu à se pencher sur les problèmes pratiques de la vie chrétienne, d'où ces petits traités de théologie morale, *Sur le mensonge, le jeûne, la virginité, le bien du mariage* (saint Augustin reste pour la tradition catholique le grand théologien du mariage chrétien) ; la correspondance, d'autre part, nous offre autant d'exemples de consultations théologiques, sur les thèmes les plus divers, que de lettres de direction spirituelle, — le tout enrobé dans les formules solennelles de la cérémonieuse politesse byzantine.

Il faut faire une place spéciale à ce qu'on peut appeler les œuvres pédagogiques, comme le *De catechizandis rudibus*, petit traité d'initiation religieuse, ou le *De doctrina christiana*, théorie de la culture chrétienne, — science biblique et éloquence ecclésiastique, — qui a eu tant d'influence sur le développement de la culture médiévale.

Enfin et surtout il faut souligner l'importance qui revient dans cet ensemble aux œuvres proprement exégétiques : l'Écriture Sainte est pour saint Augustin la Somme de toute vérité, la source de toute doctrine, le centre de toute culture chrétienne et de toute vie spirituelle ; sa théologie est très directement biblique, sa catéchèse ne l'est pas moins. A mesure qu'on se familiarise davantage avec l'œuvre et le style de saint Augustin on est de plus en plus sensible à cette présence de l'Écriture ; des érudits minutieux ont relevé, dans l'édition des Bénédictins de Saint-Maur, 13.276 citations de l'Ancien Testament et 29.540 du Nouveau. Il y en a en réalité beaucoup plus, mais il est difficile d'avancer un chiffre précis, car comment faire la part des citations formelles, des adaptations ingénieuses à un contexte nouveau, des réminiscences voulues ou inconscientes ? Homme d'Église, saint Augustin a assimilé sa Bible comme, dans sa jeunesse, il avait appris à assimiler Cicéron et Virgile : son style s'émaille d'elle comme il reste, quelque effort qu'il fît, imprégné de formules classiques. Ce caractère biblique est d'ailleurs souvent voulu, cherché : on a remarqué que citations ou imitations se multiplient dans les pages les plus travaillées, celles où l'auteur cherche à traduire une émotion religieuse particulièrement intense ; c'est volontairement qu'il s'efface, que sa parole à lui, sa parole d'homme se tait et cède la place à la parole inspirée, à la Parole de Dieu.

On comprend dès lors qu'il se soit tout particulièrement attaché à l'étude des Écritures : il a repris jusqu'à six fois l'exégèse de leur premier livre : *de Genesi contra Manichaeos, de Genesi ad litteram, liber imperfectus*, puis, sous le même titre, *libri XII*, — une de ses œuvres maîtresses, — *Locutionum lib. I, Quaestionum lib. I, Confessions XI-XIII*, — car, au grand étonnement du lecteur qui les ouvre pour la première fois, elles s'achèvent sur une méditation des premiers versets de la Genèse. Je ne puis que mentionner ici les œuvres les plus considérables, comme les étonnantes *Enarrationes in Psalmos*, les unes effectivement prêchées, les autres dictées pour la lecture, — ou, sur le Nouveau Testament, le *de Consensu Evangelistarum*, demeuré en somme jusqu'à hier la base de l'exégèse catholique, et les 124 *Tractatus* sur l'Évangile (et la Ire Épître) de saint Jean, des sermons où sous une forme très simple l'évêque d'Hippone a réussi à exprimer un enseignement d'une richesse et d'une profondeur incomparables. Saint Paul n'a pas fait l'objet d'un pareil traitement d'ensemble, mais saint Augustin en a si souvent et si longuement disserté que les érudits du haut moyen âge (de Bède à Florus de Lyon) n'ont pas eu de peine à extraire de l'ensemble de l'œuvre augustinienne un commentaire complet des *Épîtres* : de sa conversion à la controverse anti-pélagienne, la pensée augustinienne tout entière nous apparaît inspirée du paulinisme.

La variété n'est pas simplement dans le choix des sujets : elle se manifeste aussi dans la longueur (qui va de notes de quelques lignes aux quelque 2.000 pages des *Enarrationes*), le caractère de ces diverses œuvres : il sait s'adapter à son public, raffiné jusqu'à la plus extrême subtilité quand il s'agit de séduire les lettrés exigeants, simple et direct dans sa prédication (les experts savent observer la nuance qui sépare les sermons d'un ton tout familier adressés au bon peuple d'Hippone, de ceux qu'en orateur invité, qui attire un public de choix, il prononce à Carthage).

Il faudrait, pour mettre en valeur la rare diversité de son style, montrer à la fois comment saint Augustin est toujours resté le rhéteur, maître de tous les procédés de l'art, et comment l'usage de cette rhétorique, loin d'être, comme l'admettent trop facilement les modernes, une faiblesse, une marque d'insincérité, sert au contraire l'expression d'une pensée profondément originale : le maître écrivain qu'était notre Augustin savait choisir à l'intérieur de ce répertoire si riche, — un peu comme nos poètes savent choisir dans le répertoire des rimes, — et recourir précisément à ce qui correspondait exactement à la nuance voulue : si tel de ces procédés, l'antithèse par exemple, revient avec une monotonie obsédante, c'est qu'il traduit une catégorie fondamentale, psychologique (on a pu dire que saint Augustin pensait par antithèses) et doctrinale à la fois (ne parlons pas à ce propos de manichéisme rémanent : il suffit de relire saint Paul pour constater qu'un certain dualisme est bien fondamental à toute pensée chrétienne).

Il faudrait enfin, pour apprécier l'originalité et les valeurs de sa langue, situer saint Augustin à sa place dans l'évolution de la littérature latine et du latin chrétien, montrer comment il a su, à la différence de tant d'autres lettrés de ce temps de décadence, user d'une langue qui fût conforme aux normes du latin littéraire codifié par les classiques, et qui fût pourtant une langue vivante, susceptible d'être comprise par un public peu cultivé qui parlait un tout autre latin, déjà en train d'évoluer vers ce que sont devenues les langues romanes. Montrer, d'autre part, comment il a su faire la synthèse entre les deux tendances qui s'étaient disputé jusque là les écrivains chrétiens de l'Occident : ou bien (comme l'avaient fait ingénument les premiers traducteurs de la Bible) accueillir sans scrupule le jargon technique des milieux chrétiens, avec ses hellénismes, ses vulgarités, ses néologismes, — ou bien, pour rendre à la langue sa dignité, essayer de présenter les pensers nouveaux de la religion chrétienne sous les oripeaux antiques de la tradition classique (comme l'avait tenté assez maladroitement Lactance, cet « ennuyeux Cicéron chrétien ») : entre les deux extrêmes, saint Augustin a su trouver la position d'équilibre et définir, pour des siècles, les normes du latin ecclésiastique.

Mais cette analyse exigerait des précisions de plus en plus techniques et notre lecteur est en droit de s'impatienter car nous avons eu beau, chemin faisant, lui apprendre bien des choses sur saint Augustin, nous ne lui avons toujours pas montré quel est cet homme... Et c'est bien cela pourtant qu'il importe de connaître, tant chez lui est apparent, et décisif, le lien qui unit l'œuvre et la vie, l'homme et la pensée. Il faut donc s'essayer à en tracer un portrait.

Notes

1. *Lettre* 146.
2. *De gestis Pelagii*, 26 (51).
3. *Lettre*, 186, 5 (13), 11 (37).
4. J. H. BAXTER.
5. *Lettres* 54, 55, 102, 140, 147, 166, 167, 185, 187.

La plus ancienne effigie d'Augustin (détail)
(Basilique de Latran, VIe s.).

L'HOMME

Certes nous savons sur lui beaucoup de choses, beaucoup
plus de choses et plus profondes que sur aucun homme
de l'antiquité (Cicéron seul peut-être excepté), — mais
non tout ce que notre sollicitude, ou notre curiosité, voudrait savoir. Il n'est pas question, par exemple, — mais
saint Augustin serait le premier à nous détourner de
ce vêtement périssable de l'homme extérieur, — de dessiner les traits de son visage, faute de documents (le plus
ancien « portrait », — une fresque du Latran, — date
de plus d'un siècle après lui, et l'ascète aux rides profondes qu'il nous présente n'a pas de valeur iconogra-
phique ; le second en date, le sceau d'un duc de Numidie,
vers 636, nous offre, presque indiscernable, une impro-
bable figure poupine), faute aussi de témoignage (ce qu'on
sait ne dépasse pas l'anecdote : il a souffert d'hémorroïdes ;
en bon méditerranéen il craignait le froid).

*La seconde en date
des effigies d'Augustin.*

Sans doute, même sur ce plan on a pu dire des choses :
qu'il a été doué, malgré un lot commun d'infirmités et
de maladies, d'une très solide constitution physique :
il est arrivé jusqu'à soixante-seize ans, toujours vigoureux
(l'ouïe et la vue intactes) après une vie des plus actives,
comme on l'a vu, tantôt à Hippone même, tantôt à courir
sur les routes : ainsi du printemps à l'automne 418, l'année de ses soixante-six ans, nous le voyons aller d'abord
à Carthage, puis de là remplir une mission à Césarée de
Maurétanie (soit Cherchel, 100 km. à l'Ouest d'Alger),
revenir prêcher à Carthage, rentrer enfin à Hippone, soit
plus de 2.000 km., sans doute à cheval, sur les dures
voies romaines...

Il sera plus aisé, plus révélateur aussi, de parler de sa
personnalité ; défions-nous ici de tout schématisme : on
me dispensera d'une psychographie ; bien sûr, il a été
un « émotif actif secondaire » (laissons au naïf le soin de
chiffrer ces indices) : mais le vrai psychologue sait que le
propre des très grands hommes est d'échapper aux clas-

*Sceau du duc Pierre de Numidie,
second quart du VIIᵉ s.
Découvert par V. Laurent en 1952
(Musée du Vatican).*

61

sifications sommaires de la caractérologie, parce qu'ils sont assez riches pour être à la fois, et tour à tour, ceci aussi bien que cela, et cela encore. Aussi bien ce qui importe c'est l'homme réel, historiquement réalisé, c'est-à-dire non seulement celui que définissent les potentialités d'un caractère ou d'un tempérament, mais ce qu'il en a fait, — développant, enrichissant ici, réprimant, atrophiant ailleurs, sous l'effet de son éducation, de celle qu'il a reçue comme de celle qu'il s'est donnée, de ses rencontres avec la vie : ce qu'on appelle un portrait ne peut être séparé d'un bilan de l'œuvre et de l'action effectivement réalisées, car ce qui importe ce n'est pas l'homme qui aurait pu être mais celui qui, en fait, a été.

Seule une âme vile contestera la grandeur d'Augustin : on épargnera au lecteur les banalités habituelles sur cette « union des dons exceptionnels du cœur et de l'esprit ». L'historien qui s'attache à reconstituer les méthodes de travail (aux instruments en fait assez rudimentaires) qu'il a pratiquées est particulièrement sensible à l'étonnante mémoire d'Augustin (dont il a décrit le mécanisme en termes restés justement classiques, évoquant l'étendue, les « vastes palais » de cette mémoire aux trésors innombrables et toujours présents [1]) : il possède toute l'Écriture par cœur, comme ses classiques, ce qui lui permet d'évoquer sans effort toute une chaîne de versets, associés par idées ou par images, venus des coins les plus divers de la Bible, avec une virtuosité qui laisse rêveur l'érudit moderne, habitué à feuilleter dictionnaire et concordances.

Il faut célébrer plus encore la puissance de son génie spéculatif, qui sait déceler qu'il y a, ici ou là, un problème, le poser, puis s'y accrocher, le pousser à fond, affronter une à une les difficultés qui surgissent, et ne pas se déclarer trop tôt satisfait. C'est un spectacle émouvant que de voir cette grande pensée se faire jour et s'exprimer comme en tâtonnant au prix d'efforts immenses en dépit du handicap que représentaient les lacunes si graves de sa formation première et de son information : nous avons souligné chemin faisant cette situation paradoxale (un si grand esprit, une culture déjà si amoindrie), — et ses résultats ambivalents. Que de fois, *felix culpa*, a-t-elle conduit Augustin, naïvement ignorant de ce qu'on

---

1. Les notes et références concernant ce chapitre se trouvent p. 81.

avait pu penser avant lui, à prendre un nouveau départ sur une piste originale. Que de fois au contraire, hélas, nous sentons l'aile de l'aigle s'user en vain contre les barreaux de sa cage : il est certain, par exemple, qu'il pèche trop souvent par verbalisme, en logicien maladroit, prisonnier de sa langue : il se laisse embrouiller dans des difficultés factices, dues à une simple question de mot : nous le voyons, dans son analyse, par ailleurs si profonde, du mécanisme de la mémoire, s'interroger avec angoisse sur le paradoxe du souvenir de l'oubli [2] — du mot « oubli » bien entendu, ou ailleurs nous faire penser à Frédégise, ce prédécesseur carolingien de Sartre, qui devait disserter sur l'être du néant, — l'être du mot *nihil* [3] ! Mais — dialectique de l'ambivalence — s'il a parfois péché par le mot, n'oublions pas qu'il lui sera beaucoup pardonné, car ce penseur est aussi, comme l'avait été Platon, un artiste du verbe, un très grand écrivain qui a su forger pour exprimer ses vues originales des procédés d'expression d'une merveilleuse efficacité.

Autant que le métier sûr du rhéteur aux ressources multiples, le style d'Augustin reflète la nature extrêmement riche de sa sensibilité : rien chez lui du cérébral desséché, ramenant tout à un schéma d'idées pures. Une émotivité intense au retentissement indéfiniment prolongé : voyez la gravité du traumatisme psychique que lui ont causé les quelques fessées reçues, conformément aux plus saines traditions de la pédagogie antique, pendant ses années d'écolier : je ne parle pas seulement des *Confessions* où ce souvenir est à sa place [4], mais dans la *Cité de Dieu*, à soixante-douze ans, le vieil évêque s'écrie encore à ce sujet : « *Qui ne reculerait d'horreur et ne choisirait la mort, si on lui offrait le choix entre mourir et redevenir enfant [5] !* »... Ou encore cette propension aux larmes, dans tant d'épisodes émouvants de sa conversion ou de sa vie sacerdotale : certes il y a là un phénomène bien connu des théoriciens de la spiritualité qui savent à quelle grâce, survenant à tel moment du progrès intérieur, correspond le « don » des larmes ; l'historien des mœurs a aussi son mot à dire : c'est un trait d'époque, on verse volontiers des « torrents de larmes » au Bas-Empire, comme dans notre sensible XVIIIe siècle ; mais il y a là aussi chez saint Augustin quelque chose de plus profond qui révèle un trait caractériel.

Cette émotivité, qu'exacerbe l'analyse introspective, la prise de conscience sans cesse approfondie, est liée à une expérience humaine d'une symétrique richesse. Si la morale et la spiritualité augustiniennes se caractérisent par leur sévérité, celle-ci n'a rien de la raideur inhumaine de celui qui condamne, pour les ignorer, les richesses de la vie et les splendeurs du monde. Rien non plus du refoulement puritain qui jette un regard troublé vers cet au-delà de la barrière qu'on ne franchira pas (le Puritain, c'est Pélage, ce moraliste rigide, — il fait penser à notre Saint-Cyran —, à la piété froide et correcte comme un blanc linceul, qui ne cesse d'insister sur la sévérité de la Loi : « Qu'il est dur de garder les voies du Seigneur ![6] ») : il ne s'agit jamais chez Augustin que d'amour et de plus-amour. S'il nous demande d'aimer Dieu, la Vérité, l'Intelligible, l'âme, plus que le corps, c'est à la fois parce qu'il a mesuré les limites de toute perfection terrestre, expérimenté leur goût de cendre, et qu'il a découvert que le cœur de l'homme était capable de beaucoup plus. Mais, (et il y insiste d'autant plus que la polémique anti-manichéenne l'a conduit à découvrir la non-substantialité du mal), *jamais* il ne niera la réalité de ces biens inférieurs : il n'est que de l'écouter ! Là même où en lui le chrétien, l'ascète, le théologien, proclame bien haut qu'il préfère à tout son amour pour le Dieu Transcendant, la musique de sa phrase traduit le frémissement de sa sensibilité devant ces nourritures terrestres, si prenantes pour le faible cœur de l'homme (il faut voir comment, devant de tels passages, nos bons traducteurs jansénistes, horriblement gênés, se réfugient dans l'abstraction) : « *Ah ! non pas la splendeur du corps, la douceur du temps, ni l'éclat de la lumière si amicale aux yeux, ni la douce mélodie des cantilènes aux tons variés, ni le parfum des fleurs, des onguents, des aromates, ni la manne ou le miel, ni ces membres faits pour les caresses, (membra acceptabilia carnis amplexibus [7])...* »

Et si sa spiritualité, celle que d'abord il s'impose avant de la prêcher aux autres, se fait si exigeante, c'est la réaction naturelle de celui qui a d'abord été un pécheur et qui sait combien il est facile de s'attarder le long des chemins, compliqués à plaisir, qui devraient nous conduire vers Dieu : il parle d'expérience et sait quelle est la puissance tyrannique de cette concupiscence qui relie l'âme au corps par des liens si tendres et si violents.

Cette âme si facile à émouvoir est aussi une âme très complexe (les modernes, naïfs, et eux-mêmes redevenus barbares, ont peine à imaginer qu'un Ancien ait pu éprouver des sentiments aussi subtils, — mais il faut comprendre qu'Augustin, homme de la *Spätantike*, est l'héritier d'une très vieille civilisation, raffinée jusqu'à l'usure) : je le sens timide, hésitant à se donner, ombrageux. Certes là aussi on fera la part du conditionnement social (il n'est que de voir son ami Alypius, riche et de plus haute extraction, que rien ne gêne : nous l'avons vu s'en aller « contacter » Paulin en Italie, Jérôme en Palestine ; c'est encore lui qui, au plus dur de l'affaire pélagienne, saura, par un pot-de-vin ingénieux de beaux étalons numides [8], s'assurer l'appui de la Cour de Ravenne) ; mais c'est bien aussi un autre trait de caractère, qui l'oppose à sa mère Monique. Ainsi à Milan : Monique, en bonne dévote que tracassent les questions de rituel, trouve tout naturel d'envoyer son fils demander à l'évêque d'éclairer ses difficultés [9] ; Augustin aurait bien voulu consulter saint Ambroise sur les siennes, et combien plus angoissantes ; de fait il l'a bien essayé : il entre dans la salle, ouverte à tout venant, mais trouve l'évêque occupé à lire seul en silence ; il hésite, — et s'en va ; cela non pas une fois, mais plusieurs : *saepe cum adessemus* [10]... Quel trait révélateur ! Et quelle résonance prend le traité *De Magistro* où est analysée avec tant de subtile profondeur la difficulté que l'homme éprouve à entrer en communication avec une autre conscience, à la comprendre...

Mais, comme il arrive souvent aux timides, la difficulté surmontée, quelle capacité d'amitié, quelle puissance de séduction ! Saint Augustin a séduit tous ceux qui l'ont vraiment connu, a bouleversé leur vie, les entraînant dans son sillage : de la richesse de son cœur témoigne la fidélité, la ferveur de tant d'amitiés qui l'ont accompagné pendant toute sa carrière : élèves, disciples, devenus plus tard comme lui moines ou évêques. En fait nous lui connaissons des adversaires, qui discutent ses idées, mais non des ennemis (Donatistes et Pélagiens ont bien colporté contre lui quelques ragots, mais sur des on-dit : ils ne l'ont pas véritablement connu).

Bien sûr il avait ses défauts : le lecteur m'attend ici et, malignité mise à part, il a raison : nous sommes las d'une hagiographie de style « Saint-Sulpice », peignant les saints en rose et bleu ; nous voulons sentir qu'ils ont été aussi des hommes comme nous, avec un naturel imparfait et revêche, que la grâce a eu quelque mal à sauver. Ce que saint Augustin a eu à surmonter est bien facile à voir, c'est l'orgueil. Saint Jérôme (j'ai dit combien leurs relations avaient eu des débuts difficiles) ne s'est pas gêné pour le traiter un jour de « petit arriviste [11] » et il est bien vrai qu'il l'avait un peu facilement pris de haut avec son aîné de sept ans ; et même quand Jérôme, pacifié, lui aura répondu sur un ton de pure charité [12], il restera longtemps encore un peu piqué [13].

S'il ne lui était pas difficile de mépriser les honneurs sous leur forme grossière, les honneurs, par exemple, communément rendus à l'évêque (le trône revêtu de tentures, dressé sur un gradin au fond de l'abside, et les processions

de religieuses s'avançant en chantant à sa rencontre [14]) ; s'il a refusé la puissance et la richesse qui auraient pu accompagner sa dignité, il a été évidemment beaucoup moins indifférent à l'opinion qu'on pouvait avoir de lui et de ses œuvres ; il a beaucoup aimé la louange et s'en est confessé bien souvent [15]. Mais n'allons pas le lui reprocher avec mesquinerie : il ne faut pas confondre la véritable humilité chrétienne et sa contrefaçon : saint Thomas nous enseigne opportunément que la magnanimité, la conscience que l'homme prend de sa propre valeur, est une vertu, — et proprement la vertu des grandes âmes. Augustin ne pouvait pas ignorer ses mérites, ses dons, — sa grandeur, et il a su magnifiquement en rendre grâces à Celui de qui il confessait tenir tout. Cela n'empêche pas qu'il y ait chez lui, souvent, un peu de cet amour-propre bien caractéristique de l'intellectuel, — qui ne méprise jamais les services qu'il peut rendre, fût-ce à la cause de Dieu.

Il faut dire à sa décharge qu'Augustin était un peu isolé par sa grandeur même : nous retrouvons ici le parvenu, le provincial et les limites de sa culture [16] (Jérôme, lui, a connu les Grecs et s'est au moins frotté à tous ces grands contemporains, Apollinaire de Laodicée, Didyme d'Alexandrie, Grégoire de Nazianze, et Grégoire de Nysse, — le pauvre saint Augustin n'a jamais réussi à se reconnaître au milieu de tous ces Grégoire [17], — Amphiloque d'Iconium, Épiphane de Salamine, le pape Damase, et tant d'autres) ; on l'a souligné à propos des Pélagiens : jusqu'à eux il ne s'était jamais heurté qu'à des obscurs ou des médiocres ; il est assez naturel que cette situation l'ait laissé en quelque sorte en tête-à-tête avec lui-même et explique dans une certaine mesure ce caractère un peu personnel. Il est bien seul, en face de sa pensée, de son écrasant labeur.

Il est curieux qu'après tant d'efforts dépensés nous sachions toujours si peu de choses sur sa manière de travailler : on ne « voit » pas son atelier, sa bibliothèque (nous en savons davantage par exemple sur Origène, pourtant bien plus lointain : ses sept sténographes, se relayant à heures fixes, l'atelier des rédacteurs, celui des calligraphes [18]) ; Augustin nous apparaît isolé : il a eu, dans ses amis et collègues, Alypius de Thagaste, Aurelius de Carthage, etc., des compagnons de lutte pour l'action, mais

Abside de la basilique d'Hippone (on distingue, au fond, l'emplacement du trône épiscopal).

dans le travail intellectuel nous ne le voyons pas associé en équipe à de véritables collaborateurs, — si on excepte le cas d'Orose, ce jeune prêtre espagnol qui est passé à Hippone en 414-5 et 416-7 et dont l'œuvre historique est en rapport étroit avec cette *Cité de Dieu* dont Augustin poursuivait précisément à cette époque la composition. Mais c'est là un épisode isolé.

Il y a donc chez lui quelque chose d'un peu « centré sur soi », quelque hauteur parfois. Je rattacherai à cet ensemble de traits ce qu'on appelle quelquefois sa précipitation, si manifeste dans la polémique : à peine a-t-il eu vent de la publication d'un livre de quelque adversaire qu'il réagit avec une promptitude inattendue (de telles réactions surprennent chez cet homme aux résonances profondes et aux patientes élaborations) : trop sûr de lui, impatient du défi, on le voit se jeter sur la riposte, dicter, publier une réfutation en bonne et due forme, cela sans avoir pris le temps de bien assimiler, de bien lire le texte incriminé, et même sans l'avoir tout lu, sans l'avoir tenu entre les mains (cela lui est arrivé deux fois, et il s'en est repenti, contre le donatiste Pétilien et contre Julien d'Éclane).

Mais plus que les virtualités d'une nature importent, nous l'avons dit, les réalisations actualisées dans une œuvre et une vie. La postérité ne s'est pas trompée sur les caractères dominants de la personnalité de saint Augustin : l'iconographie lui a volontiers associé un double attribut, le livre ouvert, symbole de science, et le cœur enflammé, symbole d'amour ; les deux sont bien en effet chez lui inséparables. Ce spéculatif, ce penseur est aussi ce même homme passionné, capable de tant d'ardeurs ; la Vérité pour lui n'est pas seulement l'objet d'une connaissance mais aussi l'objet d'un amour.

Certes nous avons affaire à une pensée intellectuellement très ferme, profondément rationnelle ; il faut y insister car ses plus fidèles lecteurs paraissent s'y être quelquefois trompés. Saint Augustin n'aurait pas supporté le mot de Pascal (tel du moins qu'on le comprend d'ordinaire aujourd'hui) : « le cœur a ses raisons que la raison ne connaît point. C'est le cœur qui sent Dieu, non la raison. Voilà ce que c'est que la foi, Dieu sensible au cœur, non à la raison » : tout l'anti-intellectualisme moderne est ramassé dans ces propositions trop fameuses. Si, pour

Saint Augustin,
aux attributs du livre et du cœur.
(Chapelle des Augustins de Paris,
copie d'une statue du musée d'Aix-la-Chapelle).

saint Augustin, certes *la foi est un don de Dieu* et, dans l'homme, quelque chose qui de toute manière dépasse l'exercice de la seule raison, il faut bien voir que la foi c'est la confiance que la volonté accorde à une autorité reconnue divine, et cela pour de bonnes « raisons » parfaitement susceptibles d'être explicitées ; l'objet de cet acte de confiance est non pas, (horreur !), quelque connaissance « sensible », mais bien la profession de vérités dogmatiques concernant le Dieu Unique et pourtant Trinité, rémunérateur et miséricordieux, le Verbe consubstantiel incarné pour notre salut...

Mais cette Vérité que la foi possède et que la raison pénètre s'adresse à l'homme tout entier et non pas seulement à la pensée. Reprenons l'image dans laquelle saint Augustin a résumé toute sa théorie de la connaissance : ce Soleil divin qui illumine notre esprit, — car c'est dans sa lumière que nous voyons la Vérité, — n'est pas seulement un feu dévorant devant lequel l'homme, écrasé d'adoration, n'aurait que crainte et tremblement : c'est lui aussi qui réchauffe notre cœur ; la Vérité est douceur, beauté, tendresse, rassasiement. Nous touchons ici à une question qui a été très disputée depuis vingt ans : saint Augustin était-il un mystique ? La réponse ne paraît pas douteuse, si du moins on évite de la formuler en termes trop directement empruntés à sainte Thérèse et à saint Jean de la Croix (car il peut avoir existé d'autres formes d'expérience mystique et surtout d'autres formes d'élaboration conceptuelle de cette expérience que celles que nous font connaître ces grands spirituels espagnols) : il est certain que l'élan qui emporte l'âme augustinienne vers la contemplation aspire à une connaissance de Dieu qui sera en quelque sorte un contact, une expérience immédiate dans laquelle l'âme s'épanouit comme irradiée de bonheur. Mais, bien entendu cette mystique sera la mystique d'un penseur, philosophe et théologien, qui veut savoir ce qu'il aime et quelles sont ses raisons d'aimer.

Comme tous les mystiques authentiques, saint Augustin souligne le caractère imparfait de cette expérience de Dieu : il ne s'agit jamais que d'un ravissement momentané qui passe comme un éclair et cette vision, semble-t-il bien, ne saurait être assimilée à une appréhension directe de l'essence même de Dieu : c'est au-delà de notre pauvre vie terrestre, au-delà du temps où, dans le déchirement, s'accomplit l'histoire humaine, c'est dans la paix de la Cité céleste que l'âme humaine se reposera, pour l'éternité, dans la contemplation béatifiante de Dieu.

Mais si partielle et toute relative qu'elle puisse être dans cette vie, cette « *jouissance de Dieu* », *fruitio Dei*, est bien le but vers lequel s'ordonne tout l'effort de la pensée comme celui de la purification intérieure, toute la vie en un mot. Cette orientation vers une « jouissance » (ce qu'entre techniciens nous appelons l'eudémonisme foncier de saint Augustin) a parfois scandalisé : n'est-ce pas là se faire une idée bien vile à la fois de l'homme et de Dieu ? Sans rouvrir à ce propos la querelle du Pur Amour, on fera deux observations : saint Augustin a tout naturellement coulé sa pensée dans les moules de la problématique de son époque ; depuis le début de la période hellénistique toute la philosophie antique s'est organisée autour du problème du Souverain Bien dans la possession duquel l'homme, réalisant sa « Fin », connaîtra le bonheur.

Ensuite, et surtout, une telle perspective correspondait admirablement au caractère existentiel, engagé, de sa propre réflexion. « Qui veut faire l'Ange... » : les philosophies prétendûment désintéressées sont en fait des théories abstraites, coupées du réel. La pensée de saint Augustin est au contraire profondément insérée dans l'expérience vécue, dans cette vie où, avant même que d'avoir réfléchi, nous sommes de toute façon « embarqués » ; dans cette expérience, l'homme se découvre lui-même, d'abord, avant de connaître l'Autre, — mais il se découvre mal satisfait, insuffisant à lui-même, ouvert et comme tendu vers un dépassement ; d'où la fameuse formule : « *Tu nous a fait pour Toi et notre cœur est sans repos jusqu'à ce qu'il se repose en Toi* », *fecisti nos ad te, et inquietum est cor nostrum, donec requiescat in te* [19].

Mais la grande découverte, c'est que la solution du fameux problème du « bien suprême », *Summum Bonum*, n'est autre que Dieu : si Dieu est notre bonheur, c'est qu'il est Dieu, cet Être éternel, immuable, parfait, infini... Et dès l'instant où l'homme découvre ce qu'Il est, il s'oublie en quelque sorte, se donne tout entier et se perd dans l'adoration de cette Infinitude : l'Augustinisme se résume dans cette dialectique de la sortie de soi, du dépassement ; cette pensée est, peut-on dire, à contenu extatique.

Si maintenant on demande : comment l'homme réalise-t-il cette découverte, et quel sera son itinéraire vers Dieu ? (car il ne suffit pas de savoir où aller, il faut aussi apprendre comment y parvenir), nous retrouvons le même caractère de pensée concrète, engagée dans la réalité de l'expérience vécue. Saint Augustin ne se pose pas le problème théorique d'un athée à convertir à qui il faudra, par un cheminement purement rationnel, faire admettre les preuves de l'existence de Dieu : sachant combien l'homme peut errer longtemps loin de Dieu, il exigera de lui, dès l'abord, la foi : c'est dans l'Église et par l'Église, dans l'Écriture que l'Église nous fait connaître et nous fait comprendre, que l'homme peut avec sécurité, et doit pratiquement, acquérir la connaissance de Dieu nécessaire au salut.

Auctoritas et *ratio*, la connaissance de foi et la connaissance rationnelle sont bien les deux catégories fondamentales du système, si on peut dire, ou mieux du régime de pensée proprement augustinien ; mais cette priorité en quelque sorte pragmatique, ce règne de la foi ne s'établit pas sur un abaissement, un mépris et la ruine de la raison (ce qui serait proprement l'hérésie du « fidéisme »). D'une part, comme on l'a vu, l'acquisition de la connaissance qu'est la foi suppose un exercice de la raison : comme saint Augustin aime à le dire, « *il faut comprendre pour croire* », *intellige ut credas*. Croire, ce n'est pas répéter de confiance les formules d'une profession de foi : ce que la bouche prononce, l'esprit doit le saisir : saint Augustin édifiera là-dessus toute sa théorie de la culture de l'intellectuel chrétien : culture, — en fait essentiellement consacrée à l'étude de l'Écriture, — qu'il définit comme l'activité de l'esprit par laquelle la foi est engendrée en nous, est nourrie, défendue, fortifiée, *illud quo fides gignitur, nutritur, defenditur, roboratur* [20].

C'est là du moins le programme de la culture commune, mais il en est une autre, d'ambition plus noble, celle précisément du contemplatif, philosophe ou théologien : mis en possession de la Vérité par la foi, saint Augustin n'a de cesse qu'il n'ait mis sa raison en œuvre pour « comprendre », pour saisir directement cette même Vérité ; à la formule citée, *intellige ut credas*, répond antithétiquement *crede ut intelligas*, « *crois, oui, mais que ce soit afin d'être à même de comprendre* [21] ». La foi éclaire, oriente, soutient l'exercice d'une raison qui, abandonnée à elle-même, a trop de risques de sombrer dans l'erreur, mais si c'est la foi qui cherche, c'est l'intelligence qui trouve, *fides quærit, intellectus invenit* [22].

Saint Augustin connaît bien les limites qu'impose la condition terrestre à une telle recherche rationnelle de Dieu : aux limites de l'expérience mystique répondent les limites de l'exploration théologique. Mais il faut bien comprendre la valeur complexe qu'il attribue à la notion de mystère de foi ; pour les modernes, cette notion est avant tout négative, c'est une « Défense à la raison d'entrer, » « ce qu'on ne pourra jamais parvenir à comprendre » ; pour saint Augustin, elle possède, *aussi*, une valeur positive : c'est une richesse, inépuisable certes, mais au sein de laquelle l'esprit progresse indéfiniment de lumière en lumière, sans jamais arriver au bout, mais aussi sans jamais cesser d'acquérir plus de clartés ; d'où la belle formule du *De Trinitate* « *nous chercherons donc comme si nous allions trouver, mais nous ne trouverons jamais qu'en ayant toujours à chercher* », *sic ergo quæramus tanquam inventuri, et sic inveniamus tanquam quæsituri* [23]...

Si nous tentons maintenant de préciser le contenu de cette pensée augustinienne, ses cadres et sa méthode, nous constatons que toute sa vie est restée fidèle au programme qu'il se traçait dans ses premiers *Dialogues* : « *ô Dieu éternel, puissé-je savoir qui je suis et qui Tu es !* » *Noverim me, noverim te !* [24] Toute la « philosophie » se ramène à ses yeux à deux thèmes : la connaissance de Dieu, la connaissance de l'âme, *de Deo, de anima* [25], la première est la fin, la seconde le moyen (car en un sens l'âme nous est plus directement connue que Dieu).

Il faut s'arrêter un moment à cette formule où se condense tout ce qui fait l'originalité de l'Augustinisme. On voit immédiatement ce qu'elle exclut : « *Dieu et l'âme. Rien de plus ? Non rien !* [26] ». Il n'y a pas de place ici pour un *Peri Kosmou*, une philosophie de la Nature et du monde. Quelle différence avec les Pères Grecs qui, nourris de toute la compréhensivité du Stoïcisme, se penchent sur la splendeur du monde créé pour en dégager un hymne à la gloire de son Créateur. En face d'eux, saint Augustin apparaît incontestablement plus étroit : il y a chez lui une évidente atrophie de cette composante cosmique du salut, si fortement marquée par saint Paul : rien de plus décevant que le traitement qu'il inflige aux prestigieux versets de l'*Épître aux Romains* (VIII, 18-24) sur « l'attente de la création » qui « jusqu'à ce jour gémit tout entière dans les douleurs de l'enfantement », — pour peu qu'on se souvienne de Teilhard de Chardin : chez Augustin tout s'effondre : la « créature », c'est l'homme lui-même, l'attente celle de *son* salut, les douleurs, celles de l'ascèse [27]... Il ne reste plus rien !

Dès lors à quoi bon la science (de la Nature ou du monde) ! « *O Seigneur, Dieu de Vérité, celui qui saurait toutes ces choses, Te plairait-il par là ?... Heureux qui Te connaît, même s'il les ignore. Car celui qui Te connaît et les connaît aussi n'est pas, à cause d'elles, plus heureux* [28] ! »

On ne saurait trop insister sur cette attitude négative, ou pour le moins méfiante, à l'égard de toute connaissance qui n'est pas très directement ordonnée à la Fin suprême et unique de l'homme, au salut éternel, à Dieu : tout cela n'est que vaine et fragile curiosité, triste répercussion de la concupiscence. C'est bien là un des caractères les plus essentiels de la pensée augustinienne et la postérité ne devait pas s'y tromper : de génération en génération, cette note de sévérité et d'anxieuse rigueur reviendra troubler la conscience occidentale et, comme un défi, la mettre en présence d'une option, en effet, fondamentale. Il est difficile d'établir le bilan de cette influence, de mesurer ce qu'elle a produit d'heureux ou de nocif ; on ne peut douter de sa profondeur.

Mais pour comprendre la méthode de saint Augustin, il faut retrouver ce sens de la hiérarchie des êtres si essentiel à la grande tradition (néo-)platonicienne qui fournit à saint Augustin les cadres de sa pensée. Sa philosophie de l'être se présente comme une problématique de l'essence et non de l'existence (il connaît bien la distinction, mais la question d'existence ne joue aucun rôle actif chez lui). Arrachons-nous à la fascination de l'axiome, éblouissant mais stérile, de Parménide : l'être est, le non-être n'est pas ; considérons, de façon concrète, ce que l'expérience nous révèle comme « êtres » : il apparaît avec évidence que tous ne possèdent pas la même qualité, le même degré *d'être* et qu'on peut les classer selon la valeur de l'étoffe dont leur être est fait. Au sommet nous placerons l'Être qui seul est véritablement être, qui *est* au suprême degré, *qui vere est*, *qui summe est*, et c'est Dieu, en qui se

Plotin et saint Augustin. Manuscrit de la plus ancienne traduction française de La cité de Dieu. *(Bibliothèque de Mâcon, XVᵉ s.).*

A quelle fin soit venue la disputoyson precedente ⁊ par quele disputoyson on doit disputer du surplus de la question.

aucuns eurent opinion. et q̄
aucuns de dieux fussent
bons ⁊ aucuns mauuaiz /
mais aucuns apres mal
leur sentent des dieux leur donnerent
tant d'onneur ⁊ a l'autre quils n'osoient
auoir auant des dieux est mauuais
Et ceulx q̄ dient q̄ aucuns des dieux

fussent bons ⁊ aucuns mauuais. apprele-
rent les diables par les noms des dieux.
combien que aussi fussent il ses dieux
diables. mais nompas souuent. ⁊ En
tant quils maintiennet Jupiter lequel il
dirent estre roy ⁊ prince des autres auoir
este nomme diable par ouer le prete
Mais ceulx q̄ afferment que tous

trouve toute plénitude. Les autres êtres, créés, révèlent une structure qu'on pourrait appeler spongieuse : comme l'éponge est faite de tissus et de trous, de vides, ainsi les êtres sont faits d'être et d'une absence, d'un manque d'être, et ils peuvent se définir comme plus ou moins spongieux.

On devine l'enthousiasme du jeune Augustin devant une telle perspective qui résolvait en se jouant le problème du mal, auquel le manichéisme avait dû ses fallacieux triomphes : le mal n'est pas une substance distincte de la réalité bonne ; il est un moins-être, une lacune dans le tissu de l'être. Tout mal exige le support d'une substance créée, qui, en elle-même, est bonne, dans la mesure où elle *est* (prenons le cas majeur de Satan : il n'est pas un Contre-Dieu, *Antitheos*, c'est un Ange, déchu mais un Ange pourtant qui conserve sa nature et ses attributs si remarquables) [29].

D'où le peu d'importance qui revient au corps : l'ontologie conspire avec la morale pour nous en détourner. Certes, saint Augustin n'ignore pas ce que peut et doit être une contemplation religieuse de la Nature : il a bien souvent commenté le verset *Cœli enarrant gloriam Dei* ; mais à cette contemplation, il ne s'arrête pas ; après l'avoir suggérée brièvement, il franchit rapidement ce qui, aux yeux de sa philosophie, ne représente que les échelons inférieurs de la hiérarchie des êtres (c'est le propre de l'augustinisme que de glisser rapidement sur les étapes intermédiaires), pour se hâter d'en arriver à ce qui, dans la créature, telle que nous la connaissons par l'expérience, nous permettra de monter au plus haut, à la rencontre de Dieu [30]. Non pas le monde matériel, quelles que soient ses splendeurs (dans cette quête de l'intelligible, Augustin se détourne du mysticisme astral qui exerçait tant de séduction sur ses contemporains), mais l'homme et, dans l'homme, l'âme, et dans l'âme la raison, et sa fine pointe : il n'y a rien de plus haut, sur cette terre...

C'est là qu'Augustin excelle, et là il est admirable : nul autant que lui n'a fait avancer la connaissance de l'homme, dans ce qu'il a de plus intérieur, de plus essentiel. De toutes ses œuvres, on retiendra ici surtout ses *Confessions*, ce livre que les modernes lisent en diagonale, pour en recueillir les confidences, le récit d'une vie : « J'ai connu d'abord les consolations du lait humain... Puis j'ai commencé à sourire... » *Exceperunt me consolationes lactis humani... Post et ridere cœpi* [31]... Et ce récit est en effet admirable par la précision du regard jeté sur le passé, du simple point de vue psychologique : il a fallu attendre Freud et la psychanalyse pour qu'on comprenne la valeur de ces notations sur la vie pré-natale [32], la perversité polymorphe de l'enfant [33], la profondeur de certains traumatismes [34]. Mais ce n'est là qu'une vue beaucoup trop partielle, qui conduit le lecteur à négliger les deux tiers du texte, et ce qui aux yeux de son auteur en constituait l'essentiel.

Les *Confessions* tout entières sont orientées vers un au-delà, un dépassement de la psychologie : elles impliquent toute une anthropologie métaphysique, toute une théologie. En analysant sa vie, la vie d'un homme, saint Augustin y découvre et nous fait découvrir, au plus creux de son être, l'absence de Dieu dans le péché, le besoin, la capacité de Dieu dans l'inquiétude, la venue de Dieu dans le salut, la présence enfin reconnue de Dieu dans la vie de la grâce ; cette connaissance authentique du moi conduit à l'Être au-delà du moi, à ce Dieu plus intérieur à ce qu'il y a en moi de plus intime, plus haut que ce qu'il y a en moi de faîte, *Deus interior intimo meo et superior summo meo* [35]... C'est là la vraie valeur des *Confessions* et c'est ainsi qu'il faut apprendre à les relire (comme les ont lues des générations et des générations chrétiennes pour qui ce livre fut, avant l'*Imitation*, le manuel le plus commun de vie spirituelle), pour y trouver un modèle de vie intérieure, un art de méditer et de transformer les plus humbles événements en un sacrifice de louanges, en confession, au double sens du terme, confession des péchés de l'homme et confession de la Gloire de Dieu. A qui les relit de la sorte, les *Confessions* de saint Augustin illustreront magnifiquement la vérité de la parole du Christ : « Celui qui voudra sauver sa vie la perdra, celui qui la perdra à cause de Moi, la sauvera » : à côté de cette saisie en profondeur de la réalité humaine, combien superficiel nous apparaît le « culte du moi » dont parlaient les esthètes du temps de d'Annunzio ou de Barrès, combien naïf et vain l'effort d'introspection d'un Amiel ou d'un Gide, à côté de cette découverte, de cet approfondissement de l'abîme intérieur où se poursuit le dialogue tragique entre la grâce et le péché, — Mauriac le sait bien. La santé, l'authenticité, la perfection ne se rencontrent que dans une telle perspective extatique : c'est un donné par surcroît, ὡς ἐπιγιγνόμενόν τί ; si l'homme se réalise, c'est chemin faisant, à la poursuite de Dieu.

Où donc et comment trouver Dieu ? En s'appuyant, comme à une base de départ sur ce qu'il y a, dans sa créature, de plus haut, de plus parfait, — de plus proche de lui : l'âme humaine en ce qu'elle a de plus pur. Car l'homme a été fait à Son image comme à Sa ressemblance (toute la pensée patristique a été comme inspirée par ce verset de la Genèse, I, 26) : dans cette âme, nous apprendrons à découvrir la présence et la trace de Dieu : saint Augustin voit dans toute vérité (il s'agit évidemment pour lui, Platonicien, des vérités « éternelles » dont le type est celle des mathématiques, non des vérités de fait) comme un reflet, un rayonnement de la splendeur divine (c'est la théorie de l'illumination).

Mais cette méthode de recherche n'a jamais été mieux appliquée qu'à l'exploration, à la contemplation, du mystère central de la Foi, — le mystère de la Trinité, qui a inspiré à saint Augustin une autre de ses plus grandes œuvres : une fois appréhendé par la foi, tel que le progrès de l'analyse théologique l'a peu à peu précisé au cours des discussions avec l'hérésie arienne, le contenu de ce mystère s'offre à notre méditation comme un objet à pénétrer, à « comprendre », — dans la mesure toujours imparfaite, bien entendu, où le souffrent les limites que la condition humaine impose à la connaissance. Si, comme saint Augustin le reçoit de la tradition ecclésiastique (n'oublions pas qu'il vient bien après les grands conciles trinitaires, — Nicée, 325, Constantinople, 381 —, et le dogme se présente à lui tout élaboré), Dieu est révélé comme Trinité *(« ô Seigneur, Dieu Un, Dieu Trinité »)* [36], quelque chose de ce caractère devra se retrouver dans la créature faite à son image : c'est dans l'âme humaine qu'il faut chercher des « traces » *(vestigia)*, des analogies, un reflet, une image de cette structure une et trine, au moyen desquels notre pensée pourra, s'en servant comme d'un tremplin, s'élancer au-delà pour essayer d'entrevoir quelque chose de ce mystère qu'elle ne pourra jamais saisir dans sa totalité. Il faut souligner, — car ici également on lui a reproché de nous proposer une idée trop facile, trop élémentaire de Dieu, — que saint Augustin n'a pas la naïveté de se contenter des triades empiriques que lui offre l'analyse anthro-

pologique (Mémoire-Intelligence-Volonté), il les soumet
à un effort de dialectique ascendante, les épure pour en
accentuer la valeur analogique (passant par exemple de
l'âme qui se souvient d'elle-même, se connaît et s'aime, à
l'âme qui se souvient de Dieu, qui pense à Dieu et aime,
non plus une créature, mais Dieu lui-même [37]) ; il pousse
encore au-delà et dans un effort ultime établit que tout cela
n'est encore qu'une image, une approximation inadéquate,
que tout cela, qui est ce que nous pouvons concevoir de
plus proche de Dieu, n'est pas encore identique à Dieu [38] :
passant de la connaissance analogique par voie d'affir-
mation à la connaissance négative (de la cataphase à l'apo-
phase, pour parler comme les Pères Grecs), saint Augustin
par un dernier effort *nie* avoir compris Dieu et, par cette
négation même, s'élance au-delà du concept et du langage
pour atteindre, dans l'acte même où sa pensée brise ses
instruments, quelque chose de l'inaccessible.

Mais cette pensée ainsi axée sur Dieu, tout entière
tendue vers Dieu, implique toute une spiritualité, une
morale, un style de vie. Car cette pensée est une Sagesse,
— ce mot admirable que les modernes ont tant besoin
de redécouvrir, — pratique autant que spéculative ;
nous retrouvons ici le double symbole du livre et du cœur
enflammé : la sagesse augustinienne est une intelligence
qui conduit à l'amour, car ce qui importe, du point de
vue de l'*intellectus practicus*, c'est de savoir comment il
faut aimer. La réponse à la question ainsi posée, quel
Chrétien ne la connaît : « Tu aimeras, répète l'*Évangile*
après le *Deutéronome*, le Seigneur ton Dieu de tout ton
cœur, de toute ton âme et de tout ton esprit [39]. » Saint
Augustin interprète ce précepte à la lumière de sa conception platonicienne d'une hiérarchie des êtres. Pour lui,
la perfection, la santé, la vertu consistent à subordonner
l'amour à un ordre nécessaire, *ordinata dilectio* [40], *ordo
amoris* [41] : on aimera Dieu, et Dieu seul, pour lui-même,
et tous les autres biens en fonction de cet amour de Dieu,
dans la mesure où leur perfection intrinsèque permet de les
mettre au service de cet unique amour.

Toute la morale augustinienne se condense dans la
distinction fondamentale entre « jouir » et « utiliser »,
frui et *uti* [42] : c'est en Dieu seul, le Bien Suprême et notre
fin, qu'il est permis de se reposer et de jouir ; de tout le
reste nous devons seulement nous servir comme d'instru-

ments, de moyens subordonnés à cette fin. « D'ailleurs une seule chose est nécessaire », *porro unum est necessarium,* a dit Jésus à Marthe à propos de Marie ; tout l'augustinisme tient dans ce *porro.* Car il ne faut rien dissimuler de la rigueur, souvent impitoyable, et parfois excessive, avec laquelle il déduit les conséquences pratiques de ce grand principe (son eudémonisme dégage un utilitarisme strict) : toujours pressé de dépasser les étapes intermédiaires, Augustin ne tolère pas qu'on s'arrête à définir des fins subordonnées ; il ne parlera que de moyens : voyageurs en route vers la patrie bienheureuse, nous n'avons pas le droit de nous attarder à jouir de la beauté du pays traversé, ni du charme du voyage [43]. D'où par exemple sa critique de la curiosité : nous ne devons pas aimer la connaissance pour elle-même, — tout « divertissement » qui nous écarte de la pensée de Dieu ; d'où l'étrange fonction que remplit chez lui l'esthétique ; car s'il y a chez lui une esthétique (à base de pythagorisme : le musicien fait des mathématiques sans le savoir), elle n'a pas pour but, comme la nôtre, de justifier rationnellement l'expérience artistique mais tout au contraire de fournir de bonnes raisons pour y renoncer.

Il est légitime ici d'estimer que saint Augustin exagère au moins autant que dans sa théorie de la prédestination. Sans doute il est possible d'expliquer la racine psychologique de ces outrances : c'est un converti qui parle et qui se souvient d'avoir péché ; c'est pour avoir trop longtemps erré loin de Dieu qu'il exorcise avec tant de vigueur l'amour des chemins aux longs détours, *amor flexuosarum viarum :* c'est pour avoir trop aimé, et d'un cœur trop charnel, le plaisir de la musique qu'il est si préoccupé de la réduire à une perception inconsciente de rapports mathématiques (nous le voyons, dans les *Confessions,* se reprocher le trop de plaisir qu'il prend encore, à l'église, à goûter la mélodie des chants liturgiques [44]). On peut aussi faire la part du milieu culturel qui était le sien, — un temps déjà de décadence, d'esthétisme vain et de science sclérosée : son refus de *la* culture est d'abord un refus, légitime dans sa sévérité, de *cette* culture.

Mais il y a mieux à faire qu'à chercher atténuations et excuses : il y a dans ce jugement une valeur religieuse propre, un enseignement qui conserve une valeur permanente, quoi qu'il en soit dans le détail des applications qu'Augustin lui-même en a tirées, pour lui-même et pour son temps. Car il est bien vrai que la tentation majeure que l'humanité rencontre, au cours de son pèlerinage à travers le temps de l'histoire, est d'oublier, — séduits que nous sommes par la splendeur si authentique réelle des valeurs proprement terrestres, — ce qu'est la Splendeur suprême de Dieu et qu'il est le but, la Fin, du voyage. L'artiste se fera une idole de son art, l'amant de son amour, l'homme d'action de la cité qu'il est son devoir de construire. A tous il est utile de répéter que l'homme n'est pas sur la terre pour lui-même ni pour elle-même, — mais pour Dieu ; que l'homme n'est pas une espèce animale dont la fonction serait d'élaborer des civilisations les unes après les autres, comme les fourmis ou les termites travaillent inlassablement à édifier, puis à refaire leurs magnifiques et fragiles demeures : il est bon, il est salutaire de s'entendre rappeler qu'au moyen de tous ces échafaudages provisoires que sont les œuvres de l'homme, l'architecte divin construit cette Cité de Dieu, le seul séjour définitif où l'homme connaîtra le repos éternel : *Architectus ædificat per machinas transituras domum manentem* [45]. Car la spiritualité augustinienne s'achève en théologie de l'histoire.

Notes

1. *Conf.*, x, 8 (12) sq.
2. *Conf.*, x, 16 (24).
3. *Conf.*, ii, 8 (16).
4. *Conf.*, i, 9 (14-15).
5. *Cité de Dieu*, xxi, 14.
6. Pélage, *De Circumcisione*, 21.
7. *Conf.*, x, 6 (8).
8. *Opus imperfectum contra Julianum*, i, 42 ; iii, 35.
9. *Lettres* 36, 14 (32) ; 54, 2 (3).
10. *Conf.*, vi, 3 (3).
11. *Lettre* 72, 1 (2).
12. *Lettre* 81.
13. *Lettre* 82.
14. *Lettre* 23, 3.
15. *Lettres* 3, 3 ; 22, 2 (7-8) ; 27, 4 ; 28, 4 (6)...
16. *Lettre* 82, 3 (23).
17. *Lettre* 148, 2 (10).
18. Eusèbe, *Histoire ecclésiastique*, vi, 23, 2.
19. *Conf.*, i, 1 (1).
20. *De Trinitate*, xiv, 1 (3).
21. *Sermon*, 43 7 (9).
22. *De Trinitate*, xv, 2 (2).
23. *De Trinitate*, ix, 1 (1).
24. *Soliloques*, ii, 1 (1).
25. *De ordine*, ii, 18 (47).
26. *Soliloques*, i, 2 (7).
27. *Sur 83 quest. div.*, 67, 2-4.
28. *Conf.*, v, 4 (7).
29. *Cité de Dieu*, xi, 11.
30. *Conf.*, iv, 10 (15) ; ix, 10 (24-25) ; x, 6 (9).
31. *Conf.*, i, 6 (7-8).
32. *Conf.*, i, 6 (9) ; i, 7 (12).
33. *Conf.*, i, 7 (11).
34. *Conf.*, i, 9 (15).
35. *Conf.*, iii, 6 (11).
36. *De Trinitate*, xv, 28 (51).
37. *De Trinitate*, xiv, 7 (10) 12 (15).
38. *Conf.*, xiii, 11 (12) ; *De Trinitate*, xv, 21 (40) sq.
39. *De doctrina christiana*, i, 22 (21).
40. *De doctrina christiana*, i, 27 (28).
41. *Cité de Dieu*, xv, 22.
42. *De doctrina christiana*, i, 3 (3).
43. *De doctrina christiana*, i, 1 (4).
44. *Conf.*, x, 33 (49-50).
45. *Sermon* 362, 7.

Textes

La Bible de saint Augustin

Le Père Ch. de Foucauld aimait à dire que dans l'immense trésor des Écritures il y avait pour chaque âme un verset, — disons quelques versets, que Dieu avait inspiré spécialement pour elle. Saint Augustin professait que l'Esprit-Saint avait non seulement prévu tout ce que ses différents lecteurs pourraient trouver d'utile dans la Bible, mais même avait intentionnellement guidé la plume de ses auteurs en vue de cet effet [1]. *A cette méditation personnelle et savoureuse des Écritures, l'évêque d'Hippone dut joindre très rapidement la tâche pastorale de commenter à son église,* populus Dei, *la parole de Dieu qui lui était adressée à travers les lectures liturgiques du cycle annuel. D'autre part, au cours de son ministère, saint Augustin se trouva contraint d'assumer la pesante besogne de réfuter les erreurs d'exégèse commises par les hérétiques. C'est en tenant compte de cette triple perspective qu'il convient d'apprécier le choix des versets et des pages de la Bible, dont témoigne l'œuvre de saint Augustin.*

Les pages de l'Écriture les plus familières à saint Augustin et à ses fidèles étaient évidemment les leçons liturgiques, dont le contenu formait l'essentiel du savoir biblique des chrétiens. Elles affleurent en réminiscences dans toute l'œuvre de saint Augustin : Psaume 21 *(jour de la Passion), premier chapitre de la* Genèse *(nuit pascale), prologue de l'*Évangile de Jean *(Pâques et fête de saint Jean-Baptiste), récits de la Résurrection du Seigneur et* Actes des Apôtres *(semaine pascale),* Psaume 18 *(fête des apôtres, le 29 juin et Noël),* Épître aux Éphésiens *2, 14-22 (Épiphanie),* Béatitudes *selon saint* Matthieu *(fêtes des Martyrs), résurrection de Lazare (liturgie des défunts), enfin le* Pater, *récité chaque jour par l'assemblée, avant la communion.*

A chacune des déviations doctrinales qu'il rencontra, saint Augustin opposa des armes tirées du trésor des paroles de Dieu. Aux sectes de « purs » (donatistes, lucifériens), il

---

1. *Confessions* XII, 31 (42) ; *de Doctrina christiana*, III, 27 (38).

Saint Augustin (XVᵉ s.) (Musée Diocésain, Vich)

prêche les paraboles du Royaume, particulièrement celle du froment et de l'ivraie et il rappelle la mission universaliste de l'Église (Luc 24). Face aux gnostiques manichéens et à leur mépris des valeurs temporelles, il ne cesse de proclamer le grand chapitre 15 de la première Épître aux Corinthiens : *la résurrection des morts garantit la valeur du corps humain. A tous ceux qui se laisseraient séduire par les erreurs trinitaires ou christologiques, il offre le florilège des versets pauliniens et johanniques qui manifestent la divinité du Fils et de l'Esprit : l'hymne christique du second chapitre de l'*Épître aux Philippiens *revient comme un refrain* (Ph. 2, 6-10). *A tous les « justes », qui présument de leurs propres forces pour parvenir à la sainteté, saint Augustin rappelle certains versets des* Épîtres de Paul (Rom. 7, 14-25 ; Rom. 5, 12 ; I. Cor. 4, 7), *et il en use, contre Pélage et Julien d'Éclane, avec une insistance telle qu'on a pu croire — à tort — qu'ils avaient toujours été un objet de choix pour sa propre méditation. Enfin à tous les hétérodoxes, qui, de quelque manière, menacent l'unité de l'Église, saint Augustin prêche les deux commandements de la Loi de charité* (Matt. 22, 37-40).

Quant aux versets privilégiés, qui courent du commencement à la fin de l'œuvre de saint Augustin, les uns magnifient la mission du Christ, Voie, Vérité et Vie (Jean 14, 6), *sagesse et puissance du Père* (I. Cor 1, 24), *pierre angulaire de l'Église* (Éphés. 2, 14-20), *médiateur de Dieu et des hommes* (I. Tim. 2, 5) ; *les autres invitent à l'adoration de l'Esprit-Saint dont la mystérieuse présence sanctifie l'Église* (Rom. 5, 5 ; Rom. 8, 1-39).

Le Maître intérieur

Pour toutes les choses que nous comprenons, ce n'est pas une parole résonnant au dehors que nous consultons à leur sujet, mais c'est la vérité qui gouverne l'esprit lui-même au dedans, les mots peut-être nous avertissant de le faire. Or, celui que nous consultons ainsi, voilà le Maître, celui dont il est dit qu'il habite dans l'homme intérieur, le Christ, c'est à dire la force immuable de Dieu et la Sagesse éternelle. Toute âme raisonnable le consulte, mais il ne se révèle à chacun que suivant sa capacité, en raison de sa bonne ou mauvaise volonté. Et si parfois l'une d'elles se trompe, ce n'est pas la faute de la Vérité consultée ; comme ce n'est pas la faute de la lumière extérieure si nos yeux corporels se trompent souvent : lumière que nous avouons consulter au sujet des choses visibles pour qu'elle nous les montre dans la mesure où nous sommes capables de les voir.

Mais si nous consultons, sur les couleurs la lumière, et sur les autres qualités corporelles, les éléments constitutifs de ce monde que sont les corps sensibles, et les sens eux-mêmes dont l'esprit se sert comme d'interprètes pour connaître ces sortes d'objets ; si, d'autre part, sur ce que nous comprenons, notre raison consulte la vérité intérieure, quelle preuve peut-il rester pour montrer que les mots nous apprennent autre chose qu'un son frappant nos oreilles ?

Car tous les objets de nos perceptions, nous les percevons, soit par les sens du corps, soit par l'esprit. Ceux-là s'appellent sensibles, ceux-ci intelligibles, ou, pour parler comme nos auteurs, ceux-là se nomment charnels, ceux-ci spirituels.

Interrogés sur les premiers, nous répondons, si les objets sensibles dont il s'agit sont à notre portée, par exemple lorsqu'on nous interroge sur la nouvelle lune, sa phase, sa position tandis que nous la voyons. Alors l'interrogateur, s'il ne voit pas lui-même, croit en nos paroles, et souvent n'y croit pas ; mais il ne s'instruit nullement à moins que lui-même ne voie ce qu'on lui dit ; et, dans ce cas, il est instruit non par les mots prononcés mais par les objets eux-mêmes et par ses sens. Car les mots ont, pour celui qui voit, le même son que pour celui qui ne voit pas.

Et lorsqu'on nous questionne, non plus sur les choses exposées devant nos sens, mais sur celles que nos sens ont perçues autrefois, ce ne sont plus les choses elles-mêmes que nos paroles indiquent, mais les images qu'elles ont imprimées et que la mémoire a recueillies ; et j'ignore vraiment comment alors, en contemplant ce qui n'est pas la réalité, nous donnons ces choses pour vraies, sinon parce que nous affirmons, non pas les voir et les savoir, mais les avoir vues et les avoir saisies. Ainsi nous portons ces images dans les replis de notre mémoire, comme documents des sensations antérieures ; et en les contemplant mentalement et de bonne foi, nous ne mentons pas quand nous parlons. Mais c'est pour nous que ces images ont valeur de documents ; car celui qui m'écoute, s'il a jamais senti et éprouvé personnellement ce que je dis, ne l'apprend pas par mes paroles, mais il le reconnaît grâce aux images qu'il en a lui aussi emportées ; et s'il ne l'a pas expérimenté, alors qu'il ne le comprend, il croit aux paroles bien plus qu'il ne s'instruit des choses.

Mais s'il s'agit de ce que nous contemplons par l'esprit, c'est-à-dire par l'intelligence et la raison, nos paroles expriment assurément ce que nous contemplons comme présent dans cette lumière intérieure de la vérité qui inonde ce que nous appelons l'homme intérieur de clarté et de jouissance ; mais alors aussi notre auditeur, s'il voit ces mêmes choses par l'œil simple et caché de l'âme, connaît ce que je dis par sa contemplation et non par mes paroles.

(*De Magistro*, 11 (38) - 12 (40). Trad. Thonnard.)
Bibliothèque Augustinienne (Desclée de Brouwer).

La non-substantialité du Mal

Mais ce qu'on appelle mal, qu'est-ce autre chose que la privation d'un bien ? Pour un corps vivant, les maladies et les blessures ne sont rien d'autre que le fait d'être privé de la santé. En effet, lorsqu'on applique un traitement à ces maux, savoir maladies et blessures, ce n'est pas pour les chasser de là et les transporter ailleurs, mais pour les faire disparaître complètement. C'est que, au lieu d'être une substance, blessure et maladie sont le défaut d'une substance corporelle, puisque le corps est la substance, un bien par conséquent, à laquelle surviennent à titre d'accidents ces maux, qui sont, en réalité, la privation de ce bien qu'on nomme la santé. De même, tous les vices des âmes, quels qu'ils soient, sont la privation de biens naturels. Lorsqu'on les guérit, on ne les transporte pas quelque part ; alors qu'ils étaient là, ils ne seront plus nulle part dès qu'ils cesseront d'avoir cette santé pour substratum.

Par conséquent, tous les êtres sont bons puisque le créateur de tous, sans exception, est souverainement bon.

Mais, parce qu'ils ne sont pas, comme leur créateur, souve-rainement et immuablement bons, le bien peut diminuer ou augmenter en eux. Or la diminution du bien est un mal, quoique, pour tant qu'il diminue, il en reste néces-sairement, si c'est encore un être, quelque peu qui le fait être. Quel que soit en effet cet être, et si petit soit-il, on ne saurait détruire le bien qui le fait être à moins de le détruire lui-même...

Tout être est donc un bien, un grand bien s'il ne peut se corrompre, un petit s'il le peut. Nier qu'il soit un bien est absolument impossible, sauf à un insensé ou à un ignorant. Si la corruption l'anéantit, elle-même ne durera pas, faute d'un être qui lui permette de subsister.

Par conséquent, ce qu'on appelle mal n'existe pas s'il n'existe aucun bien. Mais un bien exempt de tout mal est un bien parfait, tandis que celui qui renferme quelque mal est un bien vicié ou vicieux. C'est-à-dire qu'il ne saurait jamais exister aucun mal là où n'existe aucun bien. On aboutit donc à ce résultat surprenant que, tout être en tant que tel étant bon, en disant qu'un être vicieux est un être mauvais on semble dire en somme que ce qui est bon est mauvais et qu'il n'y a de mauvais que ce qui est bon. Car tout être est bon, et il n'y aurait pas de chose mauvaise si cette chose mauvaise elle-même n'était pas un être.

(*Enchiridion*, 3 (11) — 4 (12-13). Trad. Rivière.)
Bibliothèque Augustinienne (Desclée de Brouwer).

Le temps, l'éternité et l'Être

In generatione generationum anni tui. Mais « tes années » que sont-elles ? Que sont-elles, sinon des années qui ne viennent pas et ne passent pas ? Des années qui ne viennent pas afin de ne plus exister ? Dans le temps où nous som-mes, chaque jour arrive afin de cesser d'exister. Chaque heure, chaque mois, chaque année, tout passe. Avant d'ar-river, ce sera ; une fois arrivé, cela ne sera plus. Mais tes années éternelles, à toi, tes années qui ne changent pas, elles seront *in generatione generationum*. Il y a donc une génération de générations, et c'est en elle que seront tes années. Qu'est-elle donc ? Il y en a une, et, si nous compre-nons bien, nous serons en elle et les années de Dieu seront en nous. Comment seront-elles en nous ? Comme Dieu lui-même sera en nous selon qu'il est dit : *Ut sit Deus omnia in omnibus* (*I Cor.*, xv, 28). En effet les années de Dieu ne sont pas autres que Dieu même ; les années de Dieu, c'est l'éternité de Dieu ; l'éternité, c'est la substance même de Dieu qui n'a rien de muable. Là, rien de passé qui ne soit déjà plus, rien de futur qui ne soit pas encore. Là, il n'y a que de l' « est » ; il n'y a là ni « fut » ni « sera », car ce qui fut n'est plus et ce qui sera n'est pas encore, au lieu que tout ce qui est là, « est », purement et simplement.

C'est comme tel, et à juste titre, que Dieu envoya Moïse son serviteur. Moïse demanda le nom de celui qui l'envoyait. Il le demanda, il l'entendit et ce saint désir de son cœur ne resta pas sans être comblé. C'est qu'il ne l'avait pas demandé pour satisfaire une curiosité présomptueuse, mais afin de pouvoir remplir sa mission. « Que dirai-je aux enfants d'Israël, demande-t-il, s'ils me disent : qui t'a envoyé à nous ? » Sur quoi, parlant en Créateur à sa créature, en Dieu à l'homme, en Immortel à un mortel, en Éternel au temporel, Dieu dit : *Ego sum qui sum.*

Supposons que, toi, tu dises : « Je suis ». Tu es qui ? Mettons Gaius ; un autre, Lucius ; un autre, Marcus. Est-ce que tu n'ajouterais pas quelque chose à « Je suis », afin de dire ton nom ? C'est ce qu'on attendait de Dieu. On lui demandait : comment t'appelles-tu ? Que répondrai-je, quand on me demandera qui m'envoie ? — « Je suis » — Mais qui ? — « Celui qui suis » — C'est cela ton nom ? C'est tout ce que tu t'appelles ? Mais ton nom serait-il l'Être même, si tout le reste, comparé à toi, n'était dépourvu d'être véritable ? Voilà ton nom ; dis mieux la même chose. — « Va, répondit Dieu, et dis aux enfants d'Israël : Qui est m'a envoyé vers vous ».

« Je suis Celui qui suis. Qui est m'a envoyé vers vous ». Que c'est grand ce « Est ». Que c'est grand ! Et l'homme, par rapport à cela, qu'est-ce que c'est ? Devant la grandeur de cet « Est », l'homme, qu'est-ce qu'il est, quoi que d'ailleurs il puisse être ? Qui se saisira de cet être ? Qui participera à cet être ? Qui le désirera ? Qui le voudra ? Qui se flattera de pouvoir y entrer ?

Ne désespère pas, fragilité humaine. Je suis, dit-il, le Dieu d'Abraham, et le Dieu d'Isaac, et le Dieu de Jacob. Tu as entendu ce que je suis en moi-même, écoute maintenant ce que je suis aussi pour toi. Alors l'Éternité nous a appelés, et de l'Éternité a jailli le Verbe? L'Éternité, oui, déjà, et déjà le Verbe, mais le temps, pas encore.

Pourquoi pas encore le temps? Parce que le temps lui aussi, a été fait. Et comment a-t-il été fait aussi, le temps? « Toutes choses ont été faites par lui, et rien de ce qui a été fait n'a été fait sans lui » (*Jn.*, I, 3). O Verbe plus ancien que les temps, par qui ont été faits les temps, mais né pourtant dans le temps, lui qui est la vie éternelle, pour susciter des êtres temporels et en faire des êtres éternels. La voilà, la génération des générations. Car une génération s'en va et une autre génération arrive (*Eccl.* I, 4). Et vous voyez ces générations d'hommes sur la terre comme les feuilles sur les arbres, du moins sur l'olivier, le laurier, ou tout autre arbre qui conserve toujours son feuillage. Ainsi la terre porte les humains, comme des feuilles; elle est pleine d'hommes, qui se succèdent, les uns naissant pendant que d'autres meurent. Cet arbre-là non plus ne dépouille jamais son vert manteau; mais regarde dessous : tu marches sur un tapis de feuilles mortes...

Ainsi, « Toi, tu restes le même et tes années ne finiront point » (*Ps.* 101, 28), mais nous, que sommes-nous devant de telles années, avec nos années qui ne sont que des loques?... Ne désespérons pas pourtant. Déjà, en effet, parlant dans la grandeur et la sublimité de sa sagesse, Dieu avait dit : « Je suis celui qui suis » lorsqu'il ajouta, pour nous consoler, « Je suis le Dieu d'Abraham, et le Dieu d'Isaac, et le Dieu de Jacob ». Mais nous aussi nous sommes de la race d'Abraham (*Gal.*, III, 29). Nous aussi les humbles, et même si nous ne sommes que terre et cendre, nous espérons en lui. Nous sommes des serviteurs, mais c'est pour nous que notre Seigneur a pris forme de serviteur (*Phil.*, II, 7); c'est pour nous, mortels, qu'immortel il a pourtant voulu mourir; pour nous, enfin, qu'il a donné l'exemple de la résurrection. Espérons donc que nous parviendrons à ces années immobiles, dont la course du soleil ne mesure pas le jour, mais où ce qui est demeure tel qu'il est, parce que seul, véritablement, Il est.

(*Enarratio in Psalmum* 101, II, 10 et 14. Trad. Gilson.)

La théologie anti-pélagienne
résumée en 12 propositions

Puisque nous sommes chrétiens catholiques par la grâce de Jésus-Christ,

I. Nous savons que les hommes avant leur naissance n'ont encore fait ni bien ni mal dans une vie qui leur soit propre, et que ce n'est pas pour l'avoir mérité dans une autre, par aucune action propre et personnelle à chacun d'eux, n'en ayant pu avoir aucune de cette sorte, qu'ils viennent au milieu des misères de cette vie présente, mais parce que, issus d'Adam selon la chair, ils ont contracté la souillure du péché qui donne la mort, et qu'ils ne peuvent être délivrés du supplice de la mort éternelle qui a passé d'un seul à tous par une juste condamnation, que s'ils sont, par la grâce, régénérés en Jésus-Christ.

II. Nous savons que ce n'est pas en vertu de nos mérites que la grâce de Dieu est donnée aux enfants ou aux personnes en âge de raison.

III. Nous savons que la grâce de Dieu est un secours donné aux personnes en âge de raison, pour chacune de leurs actions.

IV. Nous savons que cette grâce n'est pas donnée à tous les hommes, et que ceux à qui elle est donnée ne l'obtiennent pas d'après le mérite de leurs œuvres, ni d'après celui de leur volonté, ce qui se voit particulièrement dans les enfants.

V. Nous savons que c'est par la miséricorde gratuite de Dieu, que la grâce est donnée à ceux à qui le Seigneur la donne.

VI. Nous savons que c'est par un juste jugement de Dieu qu'elle n'est pas donnée à ceux à qui Dieu la refuse.

VII. Nous savons que nous paraîtrons tous devant le tribunal de Jésus-Christ, pour que chacun reçoive récompense ou punition de ce qu'il aura fait de bien ou de mal pendant sa vie et non de ce qu'il aurait fait, s'il avait vécu plus longtemps.

VIII. Nous savons que les enfants mêmes seront punis ou récompensés selon le bien ou le mal qu'ils auront fait « par leur corps », non en agissant par eux-mêmes, mais par ceux qui ont répondu pour eux. Ayant par cet inter-

Saint Augustin par Luca della Robbia.
(Panneau d'une porte de bronze. Cathédrale de Florence).

médiaire renoncé au démon, ils sont censés croire en Dieu, et sont dès lors comptés parmi ceux dont le Seigneur a dit : « Celui qui croira et sera baptisé sera sauvé » (*Marc*, XVI, 16). Mais les enfants qui n'ont pas reçu le Baptême, subiront les effets de la sentence prononcée « contre ceux qui n'auront pas cru et qui seront condamnes ». Ainsi les enfants mêmes qui meurent avant l'âge de raison, sont, comme je l'ai dit, jugés non d'après ce qu'ils auraient fait si leur vie eût été plus longue, mais d'après ce qu'ils ont fait pendant qu'ils étaient dans leurs corps, c'est-à-dire, selon qu'ils ont cru ou n'ont pas cru par le cœur et la bouche de ceux qui les ont représentés au Baptême, selon qu'ils ont mangé ou n'ont pas mangé la chair du Christ, selon qu'ils ont bu ou n'ont pas bu son sang.

IX. Nous savons que ceux qui meurent en Jésus-Christ sont heureux, et qu'ils ne sont pas responsables de ce qu'ils auraient fait s'ils avaient vécu plus longtemps.

X. Nous savons que ceux qui croient dans le Seigneur par leur propre cœur le font par un effet de leur volonté et de leur libre arbitre.

XI. Nous savons que nous agissons selon l'esprit de foi et de piété lorsque nous qui croyons, nous prions Dieu d'accorder le bienfait de la foi à ceux qui refusent de croire.

XII. Nous savons que c'est un véritable devoir et une pieuse habitude de remercier Dieu comme d'un grand bienfait d'avoir amené à sa vérité ceux d'entre eux qui n'y croyaient pas.

Vous reconnaissez, je pense, que dans ces choses que j'ai dit que nous savions, je n'ai pas voulu rapporter tout ce qui a trait à la question qui regarde la grâce de Dieu, et qui est débattue entre nous ; c'est-à-dire si cette grâce précède ou suit la volonté de l'homme, ou, pour parler plus clairement, si elle nous est donnée parce que nous le voulons, ou bien si cette volonté même est l'œuvre de la grâce divine. Si donc, mon frère, vous reconnaissez avec nous que les douze articles que j'ai dit que nous savions, appartiennent à la vraie foi catholique, j'en rends grâces à Dieu, et je n'aurais pas sujet de le remercier en toute vérité, si votre croyance en ces douze points n'était pas un effet de la grâce de Dieu. Si vous les admettez donc, il n'y a plus de discussion entre nous sur cette question.

(*Lettre* 217,5 (16-17). Trad. (Péronne-Écalle-Vincent-) Barreau.)

*Scène de la vie de saint Augustin
par Benozzo Gozzoli.
(Église Saint-Augustin, San Gimignano)*

Le « Cogito » Augustinien

Ces trois textes ont été souvent invoqués et discutés par les contemporains de Descartes :

I

(Alypius disputant avec Evodius et voulant prouver qu'il y a un Dieu :)

— Et pour partir d'une vérité claire, je te demanderai d'abord si toi-même tu existes. Mais peut-être crains-tu de te tromper en cette question, quand tu ne pourrais certainement pas te tromper si tu n'existais pas ?

— Passe plutôt à la suite.

— Il est donc clair que tu existes ; et, puisque tu n'en aurais pas l'évidence, si tu ne vivais pas, il est donc aussi clair que tu vis.

(*De libero arbitrio*, II, 3 (7). Trad. Thonnard.)
Bibliothèque Augustinienne (Desclée de Brouwer).

II

On n'est aucunement justifié à dire que l'on connaît une chose tant que l'on en ignore la substance. C'est pourquoi lorsque la pensée se connaît, elle connaît sa substance, et dès qu'elle est certaine de soi, elle est certaine de sa substance. Or elle est certaine de soi, comme le prouve ce que nous avons dit plus haut. Pourtant elle n'est pas entièrement certaine d'être un air, un feu, un corps quelconque ou quoi que ce soit qui appartienne au corps. Elle n'est donc rien de tout cela. Tout ce que l'on exige d'elle, en lui ordonnant de se connaître, c'est qu'elle soit certaine de ne pas être l'une des choses dont elle n'est pas certaine, et qu'elle soit certaine d'être cela seulement dont elle est certaine qu'elle l'est. C'est en effet comme incertains qu'elle pense le feu, l'air, et tout ce qu'elle pense de corporel ; or il serait absolument impossible que l'âme conçût ce qu'elle est de la même manière qu'elle conçoit ce qu'elle n'est pas. C'est par les images de sa fantaisie qu'elle conçoit tout cela : air, tel et tel corps, telle partie ou tel assemblage et composition des corps, choses dont on dit de l'âme, non qu'elle les a toutes, mais qu'elle en est l'une. Or si elle en était une, elle la concevrait autrement qu'elle ne conçoit le reste, c'est-à-dire non pas comme une fiction de son imagination... mais par une sorte de présence vraie, intérieure et non feinte (car rien ne lui est plus présente qu'elle-même), à la manière dont elle conçoit qu'elle vit, se souvient, connaît et veut. Car elle sait que ceci est en elle ; elle ne l'imagine pas comme si elle l'atteignait par les sens hors de soi. Qu'elle ne s'attribue donc arbitrairement aucune de ces pensées et ne croie pas être quoi que ce soit de tel, tout ce qui lui reste ensuite d'elle-même, c'est cela seul qu'elle est.

(*De Trinitate*, X, 10 (15-16). Trad. Gilson.)
Études de philosophie médiévale (Éd. Vrin).

III

Car nous sommes, et nous connaissons que nous sommes, et nous aimons notre être et notre connaissance. Et nous sommes assurés de la vérité de ces trois choses. Car ce n'est pas comme les objets de nos sens qui nous peuvent tromper par un faux rapport. Je suis très certain par moi-même que je suis, que je connais et que j'aime mon être. Je n'appréhende point ici les arguments des Académiciens, ni qu'ils me disent : Mais vous vous trompez ? Car si je me trompe, je suis, puisque l'on ne peut se tromper si l'on n'est. Puis donc que je suis, moi qui me trompe, comment me puis-je tromper à croire que je suis, vu qu'il est certain que je suis si je me trompe ? Ainsi puisque je serais toujours moi qui serais trompé, quand il serait vrai que je me tromperais, il est indubitable que je ne me puis tromper lorsque je crois que je suis.

(*Cité de Dieu*, XI, 26. Trad. Lombert.)

La prière du philosophe

O Dieu, Créateur de l'Univers, permets d'abord que je te prie comme il convient, puis, que je me rende digne d'être exaucé ; enfin, que je te doive ma libération. Dieu, par qui toutes les choses qui n'auraient pas l' « être » par elles-mêmes tendent à l' « être » ; Dieu, qui ne laisses pas périr les choses qui se détruisent réciproquement ; Dieu, qui as créé de rien ce monde dont tous les yeux sentent la souveraine beauté ; Dieu qui n'es pas l'auteur du mal, et qui permets qu'il existe pour prévenir un plus grand mal ; Dieu qui, au petit nombre des esprits capables d'accéder à ce qui « est » réellement, décèles que le mal n'a aucune substance ; Dieu, grâce à qui l'univers, même avec ses éléments fâcheux, est parfait tout de même ; Dieu, qui ne permets aucune dissonance même au plus humble degré de cet univers, puisque le pire s'harmonise avec le meilleur ; Dieu, qu'aime tout ce qui, consciemment ou inconsciemment, peut aimer ; Dieu, qui contiens tout, mais qui ne reçois de l'ignominie de la créature aucune ignominie, de sa malice aucun dommage, de ses erreurs aucune erreur ; Dieu, qui n'as donné qu'aux cœurs purs de connaître le Vrai ; Dieu, Père de la vérité, Père de la sagesse, Père de la vie véritable et suprême, Père du bonheur, Père du bon et du beau, Père de la lumière intelligible, Père de notre réveil et de notre illumination, Père du gage qui nous avertit de retourner à toi ;

C'est toi que j'invoque, ô Dieu Vérité, source, principe, auteur de la vérité de tout ce qui est vrai ; Dieu Sagesse, principe, auteur de la sagesse de tout ce qui est sage ; Dieu, qui es la véritable, la suprême vie, source, principe, auteur de la vie de tout ce qui vit véritablement et souverainement ; Dieu Béatitude, source, principe, auteur du bonheur de tout ce qui est heureux ; Dieu du Bien et du Beau, source, principe, auteur du Bien et du Beau dans tout ce qui est bon et beau ; Dieu Lumière intelligible, source, principe, auteur de la lumière intelligible dans tout ce qui brille de cette lumière ; Dieu, dont le royaume est cet univers que les sens ignorent ; Dieu dont le royaume trace leurs lois aux royaumes mêmes de ce monde ; Dieu,

Saint Augustin en prière, par Ribera.
(Musée du Prado)

de qui on ne se détourne que pour choir, vers qui se tourner c'est se lever de nouveau, et en qui demeurer c'est trouver un solide appui ; sortir de toi c'est mourir, revenir à toi c'est revivre, habiter en toi c'est vivre ; Dieu que nul ne perd s'il n'est trompé, que nul ne cherche sans appel préalable, que nul ne trouve s'il ne s'est purifié d'abord ; Dieu, dont l'abandon équivaut à la mort, la recherche à l'amour, la vie à l'entière possession ; Dieu, vers qui la foi nous pousse, vers qui l'espérance nous dresse, à qui la charité nous unit ; Dieu, par qui nous triomphons de l'ennemi, c'est à Toi que j'adresse ma prière !

Dieu, à qui nous devons de ne pas périr complètement ; Dieu, qui nous avertis de veiller ; Dieu, grâce à qui nous distinguons le bien du mal, Dieu, grâce à qui nous fuyons le mal et cherchons le bien ; Dieu, grâce à qui nous ne cédons pas à l'adversité ; grâce à qui nous possédons l'art d'obéir et l'art de commander ; Dieu, grâce à qui nous apprenons que parfois ce que nous croyions nôtre nous est étranger, et que ce que nous croyions étranger est bien à nous parfois ; Dieu, grâce à qui nous nous dégageons des appâts et des séductions des méchants ; Dieu, grâce à qui les petites choses ne nous diminuent point ; Dieu, grâce à qui ce qu'il y a de meilleur en nous n'est pas assujetti à ce qu'il y a de pire ; Dieu, grâce à qui *la mort est absorbée dans sa victoire* (*I Cor.*, XV, 54) ; Dieu, qui nous tournes vers toi ; Dieu qui nous dépouilles de ce qui n'est pas pour nous revêtir de ce qui est ; Dieu, qui nous rends dignes d'être exaucés ; Dieu, qui nous fortifies ; Dieu, qui nous introduis à toute vérité ; Dieu, qui nous dis tout ce qui est bien, qui ne fais pas de nous des insensés, qui ne permets à qui que ce soit de nous rendre tels ; Dieu, qui nous rappelles dans le bon chemin ; Dieu, qui nous conduis jusqu'à la porte ; Dieu, qui fais qu'*elle s'ouvre à ceux qui frappent* (*Matth.* VII, 8) ; Dieu, qui nous donnes *le pain de vie ;* Dieu, grâce à qui nous avons soif de cette *eau qui, une fois bue, désaltère à jamais* (*Jean*, VI, 35) ; Dieu, qui *convaincs le siècle sur le péché, sur la justice, sur le jugement* (*Jean.*, XVI, 8) ; Dieu, grâce à qui nous demeurons insensibles aux raisons des incrédules ; Dieu, qui nous apprends à blâmer l'erreur de ceux qui croient que les âmes ne s'acquièrent nul mérite devant vous ; Dieu, grâce à qui nous ne sommes pas *les esclaves de rudiments faibles et chétifs* (*Galat.*, IV, 9) ; Dieu, qui nous purifies et nous prépares aux divines récompenses, — sois-moi propice, ô mon Dieu...

(*Soliloques*, I, I (2-3). Trad. de Labriolle.)
Bibliothèque Augustinienne (Desclée de Brouwer).

La prière du théologien
(*Conclusion des XV livres* Sur la Trinité)

Seigneur notre Dieu, nous croyons en Toi, Père, et Fils et Esprit-Saint. Et en effet la Vérité ne dirait pas : « Allez, baptisez toutes les nations au nom du Père et du Fils et de l'Esprit-Saint » (*Mat.*, XXVIII, 19), si tu n'étais pas Trinité. Et tu ne nous ordonnerais pas, Seigneur notre Dieu, d'être baptisés au nom de celui qui n'est pas le Seigneur Dieu. Et une voix divine ne dirait pas : « Écoute, Israël, le Seigneur ton Dieu est un Dieu un », (*Deut.*, VI, 4), si tu n'étais pas Trinité de telle sorte que tu ne sois qu'un seul Dieu. Et si toi, Dieu, tu étais Père en soi, que ton Verbe, Jésus-Christ fût Fils en soi, et que votre don fût l'Esprit-Saint en soi, nous ne lirions pas dans les Lettres de la Vérité : « Dieu a envoyé son Fils » (*Gal.*, IV, 4) et, toi, ô Fils Unique, tu ne dirais pas de l'Esprit-Saint : « Celui que mon Père enverra en mon nom » (*Jn.*, XIV, 26) et : « Celui que je vous enverrai de la part de mon Père » (*Jn.*, XV, 26).

Dirigeant toute mon attention vers cette règle de la foi, autant que je l'ai pu, autant que tu m'as donné de le pouvoir, je t'ai cherché et j'ai désiré voir des yeux de l'intelligence ce que j'ai cru ; j'ai beaucoup discuté et beaucoup travaillé. Seigneur mon Dieu, mon unique espérance, exauce-moi, pour que je ne cède pas à la fatigue en renonçant à te chercher, mais qu'au contraire je cherche toujours ardemment ton visage (*Ps.* 104, 4). Donne les forces de chercher, toi qui a permis qu'on te trouve, et qui a donné l'espérance de te trouver sans cesse davantage. Ma force et ma faiblesse sont en ta présence : soutiens l'une, guéris l'autre. En ta présence, sont ma science et mon ignorance : là où tu m'as ouvert la porte, reçois-moi à l'entrée ; la porte que tu as fermée, ouvre-la à celui qui frappe. Que je me souvienne de toi, que je te comprenne, que je t'aime. Augmente en moi ces dons, jusqu'à mon entier renouvellement.

Je sais qu'il est écrit : « Abondance de paroles ne va pas sans péché » (*Prov.*, x, 19). Mais qu'il te plaise que je ne parle que pour prêcher ta parole et que pour dire tes louanges ; alors non seulement j'échapperai au péché, mais j'acquerrai de bons mérites, malgré le nombre de mes discours. Et en effet un homme devenu bienheureux par toi, n'aurait point ordonné un péché à celui qui fut son vrai fils dans la foi, en lui écrivant : « Annonce la Parole ; prêche à temps et à contre-temps ». Faut-il dire qu'il ne parlait pas beaucoup, celui qui non seulement à temps, mais aussi à contre-temps, ne taisait pas ta Parole, Seigneur ? Mais ce n'était pas beaucoup, parce qu'il était nécessaire qu'il parlât autant. Délivre-moi, ô Dieu, de ce flot de paroles que je supporte intérieurement en mon âme misérable, qui se tient en ta présence et qui se fie en ta miséricorde. Car mes pensées ne se taisent pas, même si ma voix se tait. Encore si je n'avais pensé que celles qui te plaisent, je ne te prierais point de me délivrer de ce flot de paroles. Mais beaucoup de mes pensées sont — tu les connais — des pensées d'hommes, des pensées vaines (*Ps.* 93, 11). Donne-moi de n'y pas consentir, de les réprouver du moins, quand elles me charment ; qu'en elles je ne sombre pas comme un dormeur. Il ne m'importe pas tellement que rien, dans mes actes, n'en découle ; mais que du moins, vis-à-vis d'elles, soient en sécurité ma pensée et ma conscience, grâce à ton secours. Un Sage, en parlant de Toi dans son livre, qui a pour titre l'*Ecclésiastique*, a dit : « Nous multiplions les discours, et nous ne parvenons à rien ; l'abrégé de toutes les paroles, c'est Lui ». Lorsque nous serons parvenus à Toi, cesseront tous ces discours en lesquels nous ne parvenons à rien ; tu demeureras seul pour être tout en tous (*I Cor.*, xv, 28) ; et sans fin nous proclamerons ton unique louange à l'unisson, devenus un seul en Toi. Seigneur, Dieu unique, Dieu Trinité, tout ce que j'ai dit en ton nom, dans ces livres, que les tiens le reconnaissent ; si quelque chose vient de moi, que Toi et les tiens me le pardonnent. Amen.

(*De Trinitate* XV, 38 (51). Trad. A. M. La Bonnardière).

La Prière : un commentaire du « Pater »

Des mots nous sont donc nécessaires à nous, pour nous rappeler et mettre sous notre regard l'objet de notre prière, non point — n'allons pas le croire — pour instruire ou fléchir le Seigneur. Quand donc nous disons : *Que votre nom soit sanctifié*, nous nous faisons souvenir nous-mêmes de désirer que son nom, toujours saint, soit aussi tenu pour tel chez les hommes, c'est-à-dire ne soit pas méprisé ; ce qui est utile non à Dieu mais aux hommes. Et quand nous disons : *Que votre règne arrive*, — règne qui viendra, bien sûr, que nous le voulions ou non —, nous réveillons notre désir de Lui, afin qu'il arrive pour nous et que nous méritions d'en jouir. Quand nous disons : *Que votre volonté soit faite sur la terre comme au ciel*, nous sollicitons de lui l'obéissance pour que sa volonté soit faite par nous comme elle est faite dans les cieux par ses Anges. Quand nous disons : *Donnez-nous aujourd'hui notre pain de chaque jour*, par ce mot « aujourd'hui » nous voulons dire « dans le temps présent », où nous demandons soit la suffisance des biens, en désignant le tout par la partie la meilleure, c'est-à-dire par le nom du pain, soit le Sacrement des fidèles, qui nous est indispensable en ce temps, pour obtenir non la félicité du temps, mais l'éternelle félicité. Quand nous disons : *Pardonnez-nous nos offenses comme nous pardonnons à ceux qui nous ont offensés*, nous nous rappelons et ce que nous devons demander et ce que nous devons faire pour mériter de recevoir. Quand nous disons : *Ne nous induisez pas en tentation*, nous nous faisons souvenir de le demander, de peur que, privés de son aide, nous n'acceptions l'offre trompeuse de quelque tentation, ou ne cédions à ses violences. Quand nous disons : *Délivrez-nous du mal*, nous nous invitons à songer que nous ne sommes pas encore établis dans ce bien où nous ne souffrirons aucun mal. Et cette dernière demande de l'oraison dominicale s'étend si loin, que le chrétien se trouvant dans un état quelconque d'épreuve exprime par elle sa plainte, par elle répand ses larmes, commence par elle, s'y attarde, et par elle termine sa prière. Il nous fallait ces paroles pour appeler les réalités mêmes à nos mémoires.

Et lorsque nous disons d'autres paroles, soit que l'affection de l'âme en prière les précède et les forme pour se manifester, soit qu'elle les suive et y réfléchisse pour se fortifier, nous ne faisons jamais que dire une chose contenue dans cette oraison du Seigneur, si notre prière est bonne et convenable. Mais quiconque dit une chose qui ne peut se rattacher à cette prière évangélique, prie de façon charnelle, si non de façon illicite ; je ne sais d'ailleurs comment on pourrait ne pas la dire illicite, puisqu'une prière faite de façon spirituelle est la seule qui convienne à des hommes nés à nouveau de l'Esprit. Dire, par exemple : *Soyez glorifié dans toutes les nations, comme vous l'êtes parmi nous*, et *Que vos prophètes se montrent fidèles* (*Eccli.*, 36, 4 et 18), n'est-ce pas dire : *Que votre nom soit sanctifié ?* Dire : *Dieu des vertus, convertissez-nous et montrez-nous votre face, et nous serons sauvés* (*Ps.* 79, 4), n'est-ce pas dire : *Que votre règne arrive ?* Dire : *Dirigez ma marche selon votre parole, et qu'aucune iniquité ne domine sur moi* (*Ps.* 118, 133), n'est-ce pas dire : *Que votre volonté soit faite sur la terre comme au ciel ?* Dire : *Ne me donnez ni la pauvreté ni la richesse* (*Prov.*, 30, 8) n'est-ce pas dire : *Donnez-nous aujourd'hui notre pain quotidien ?* Dire : *Souvenez-vous, Seigneur, de David et de toute sa douceur,* (*Ps.* 131, 1) ou *Seigneur, si j'ai fait cela, s'il y a de l'iniquité sur mes mains, si j'ai rendu le mal à ceux qui me faisaient du mal* (*Ps.* 7, 4), n'est-ce pas dire : *Pardonnez-nous nos offenses, comme nous pardonnons à ceux qui nous ont offensés ?* Dire : *Éloignez de moi les convoitises du ventre, et que le désir impudique ne s'empare point de moi* (*Eccli.*, 23, 6), n'est-ce pas dire : *Ne nous laissez pas entrer en tentation ?* Dire : *Arrachez-moi à mes ennemis, mon Dieu, et délivrez-moi de ceux qui se dressent contre moi* (*Ps.* 58, 2), n'est-ce pas dire : *Délivrez-nous du mal ?* Et si vous parcourez toutes les formules de toutes les prières sacrées, vous ne trouverez rien, je pense, qui ne soit contenu et compris dans cette oraison dominicale. Aussi sommes-nous libres, en priant, de dire, avec d'autres mots, les mêmes choses ; mais nous ne le sommes pas de dire d'autres choses.

(*Lettre* 130, 11 (21) - 12 (22). Trad. Ch. Morel.)
Rondet : St Augustin parmi nous (Éd. X. Mappus).

Augustin aux pieds du Christ.
Frontispice d'un manuscrit des « Confessions »,
(Saint Vaast d'Arras, Bibliothèque d'Arras, début XIᵉ s.).

Le Verbe et son incarnation

La Parole de Dieu, par qui tout a été fait, ne va pas te
l'imaginer comme soumise au changement, devenant
après avoir été. Non, elle demeure ce qu'elle est, elle est
tout entière en tous lieux. Elle vient quand elle se manifeste, elle s'en va quand elle se cache, mais cachée ou mani-
festée, elle est toujours là, telle la lumière pour les yeux
de celui qui voit et pour ceux de l'aveugle : présente, elle
est visible à l'un, bien qu'elle demeure cachée à l'autre.
La voix, de même, est présente aux oreilles de l'homme
qui entend comme à celles du sourd, mais elle est sensible
au premier, non au second. Ne trouves-tu pas merveil-
leux ce qui a lieu au sujet de nos paroles, du son de notre
voix, choses d'un instant ? Lorsque nous parlons, la
seconde syllabe réclame pour se faire entendre que la
première cesse de résonner et pourtant si quelqu'un
écoute, tout ce que nous disons, il l'entend. Si deux audi-

105

teurs sont présents, l'un entend aussi bien que l'autre et chacun des deux entend tout. Si c'est une multitude qui nous écoute en silence, ils ne se partagent pas les sons, comme ils le feraient pour de la nourriture, mais ce que nous disons est tout entier pour tous et tout entier pour chacun. Dès lors pourquoi refuser de croire que ce que la parole fugitive de l'homme est pour l'oreille, la Parole de Dieu qui demeure éternellement, le soit pour les choses : l'une, tout entière, est entendue de tous, l'autre, tout entière, est partout et tout à la fois.

Pourquoi hésiter à reconnaître Dieu dans les limites d'un petit corps d'enfant ? Ce n'est pas par la masse mais par la Puissance que Dieu est grand, lui qui, dans sa Sagesse, donne plus d'habileté aux fourmis, aux abeilles qu'à l'âne ou au chameau. D'un pépin minuscule il fait jaillir un grand figuier alors que des semences plus grosses donnent des plantes plus petites. Il a doté la prunelle de l'œil d'une acuité si grande qu'elle peut en un instant parcourir la moitié du ciel. D'un point, au centre du cerveau, jaillit et se répartit l'activité des sens ; le cœur, organe si faible, dispense la vie et le mouvement à toutes les parties du corps. Ainsi et par d'autres merveilles de ce genre, Dieu manifeste sa grandeur dans les plus petites choses, lui qui ne se montre jamais petit en ce qui nous paraît petit.

Par l'effet de cette puissance qui n'est jamais à l'étroit dans les plus étroites limites il a fécondé le sein de la Vierge, sans aucune action extérieure, prenant une âme raisonnable et avec elle un corps humain. Il s'est uni à cette âme, à ce corps et sans rien perdre de sa Divinité, il s'est fait véritablement homme pour rendre l'homme meilleur, daignant en prendre le nom et partageant avec lui sa Divinité. Il a fait sortir d'un sein virginal qu'il laissait intact, les membres d'un enfant, lui qui, devenu homme, entrait au Cénacle par une porte close. Si tu demandes une explication, il ne reste rien à admirer ; si tu réclames d'autres exemples, il n'y a là plus rien d'exceptionnel. Accorde à Dieu de pouvoir accomplir ce que tu ne peux pénétrer. En ce domaine toute l'explication du fait réside en la puissance de qui l'accomplit.

(*Lettre* 137, 2 (7-8). Trad. Dom E. Devaux.)
Zodiaque, janv. 1953 (Éd. de la Pierre-qui-vire).

La chaste crainte de Dieu

Qu'est-ce qui distingue la crainte chaste (de la crainte servile) ? Je vais vous interroger en même temps que vous le ferez vous-mêmes. Je suppose que Dieu vienne et vous parle lui-même (encore qu'il ne laisse pas de le faire par ses Écritures), qu'il dise à un homme : « Tu veux pécher, soit, fais ce qui te plaît. Que tous tes désirs sur terre soient satisfaits. Tu veux dépouiller quelqu'un, qu'il soit dépouillé ; frapper quelqu'un, qu'il soit frappé ; condamner quelqu'un, qu'il soit condamné ; avoir quelqu'un comme esclave, qu'il le soit. Que personne ne te résiste, que personne ne te dise : Que fais-tu là ? Personne : ne le fais pas. Personne : pourquoi le fais-tu ? Que tous ces biens terrestres, objets de ta convoitise, abondent chez toi, passe tous tes jours à en jouir, non pas pour un temps, mais pour toujours ! Seulement, jamais, tu ne verras mon visage ».

Mes Frères, d'où vient en vous ce soupir, sinon d'une crainte chaste qui vient de naître et qui doit demeurer dans les siècles des siècles ? Pourquoi cette émotion dont votre cœur est frappé ? Si Dieu vous disait : « Tu ne verras jamais mon visage, mais vois donc toute cette félicité terrestre, tous ces biens qui vont abonder chez toi ; te voilà comblé de toutes les faveurs temporelles et tu ne saurais les perdre ni les abandonner. Que te faut-il de plus ? » — Et la crainte chaste de pleurer, de gémir et de s'écrier : « Ah ! qu'on m'enlève tout, plutôt que le bonheur de vous voir ! » Et la crainte chaste de pousser cette exclamation du Psaume : « Dieu des vertus, ramenez-nous ; montrez-nous votre face et nous serons sauvés ! » Et la crainte chaste de s'écrier encore avec le Psaume : « Je n'ai demandé qu'une chose au Seigneur et la demanderai avec instance ». Vois comment brûle cette crainte chaste qui est l'amour vrai, l'amour sincère : « Je n'ai demandé au Seigneur qu'une seule chose et ne cesserai de la demander ». Laquelle ? « D'habiter dans la maison du Seigneur tous les jours de ma vie ». Ne serait-ce pas pour y jouir de quelque félicité terrestre ? Écoute la suite : « Afin de contempler la béatitude du Seigneur, et d'être protégé, comme son temple » (*Ps.* 26, 4), c'est-à-dire :

me sentir son temple et être protégé par lui ; c'est la seule chose que j'ai demandée au Seigneur. Si vous ne demandez que cette faveur, si tous vos efforts se tournent vers elle seule, si votre seule crainte est de la perdre, les félicités terrestres n'auront plus d'attrait pour vous, votre espérance se portera vers la seule véritable et vous serez dans le corps de celui à qui chante le Psalmiste : « Heureux tous ceux qui craignent le Seigneur et qui marchent dans ses voies ! »

(Enarratio in Psalmum 127, 9. Trad. Humeau.)
Les plus belles homélies de St Augustin (Éd. Beauchesne).

Élus et damnés

Dieu, dans sa prescience, a donc déterminé quel serait le nombre et la multitude des saints. En raison « de l'amour qu'ils ont pour lui », don que, par l'Esprit-Saint, il a répandu dans leurs cœurs, « il fait tout concourir à leur bien ». Ils les a appelés selon son dessein, car ceux qu'il a connus dans sa prescience, il les a aussi prédestinés pour être conformés à l'image de son Fils, afin que ce Fils soit le premier-né entre plusieurs frères. Et ceux qu'il a prédestinés, il les a aussi appelés (*Rom.* VIII, 28) c'est-à-dire « selon son dessein », car il en est beaucoup qui sont appelés, mais non pas élus, et par conséquent non appelés par le dessein de Dieu. Mais ceux qu'il a appelés, c'est-à-dire selon son dessein, « il les a aussi justifiés, et ceux qu'il a justifiés, il les a aussi glorifiés ». Voilà quels sont les enfants de la promesse ; voilà quels sont les élus qui sont sauvés par l'élection de la grâce. « Or, si c'est par la grâce », dit l'Apôtre, « ce n'est pas par les œuvres, autrement la grâce ne serait plus grâce » (*Rom.*, XI, 6). Voilà quels sont les vases de miséricorde sur lesquels Dieu fait connaître les richesses de sa gloire, par le moyen même des vases de colère (*Rom.* IX, 23). Tous ceux-là font, par le Saint-Esprit, un seul cœur et une seule âme (*Act.*, IV, 32) qui bénit Dieu et n'oublie pas ses bienfaits. Indulgent pour les iniquités, ce Dieu guérit les langueurs, rachète toute vie de la corruption et couronne dans sa miséricorde (*Ps.* 102, 2), parce que la grâce ne dépend ni de celui qui court, ni de celui qui veut, mais de la miséricorde de Dieu (*Rom.* IX, 16).

Pour les autres hommes qui n'appartiennent pas à cette sainte société, et dont cependant la bonté divine a créé l'âme et le corps et tout ce qui a été attaché à leur nature, à l'exception du vice qu'ils doivent à la témérité d'une volonté orgueilleuse, Dieu, dans sa prescience, les a créés, pour faire voir en eux ce que peut, sans la grâce, le libre arbitre de ceux qui l'abandonnent ; et pour que leurs châtiments justes et mérités apprissent aux vases de miséricorde qui ont été retirés de cette masse non par le mérite de leurs œuvres, mais par la grâce toute gratuite de Dieu, l'étendue et la grandeur du bienfait qui leur a été accordé, afin que toute bouche soit fermée, et que celui qui se glorifie se glorifie dans le Seigneur.

(Lettre 186, 7 (25-26).
Trad. (Peronne-Écalle-Vincent) Barreau.)

L'expérience mystique

(Sur le Titre du Psaume 41 : *In finem, in intellectum, filiis Core, Psalmus*) : Ce sont les fils de l'Époux, les fils de sa Passion, les fils rachetés par son sang, les fils de sa Croix portant sur leur front l'image de l'instrument dressé sur le Calvaire par ses ennemis, ce sont eux qui sont appelés les fils de Coré, c'est pour eux qu'est chanté ce Psaume, *pour éveiller leur intelligence ;* que notre intelligence soit donc excitée, et puisque ce Psaume est chanté pour nous, essayons de le comprendre. Et quelle interprétation donner à ce Psaume ainsi chanté ? Je n'hésite pas à le dire : « *Ce sont les choses invisibles de Dieu qui, bien comprises à l'aide de celles qui ont été faites depuis la Création du monde, vont s'offrir à nos yeux* » *(Rom.* 1, 20). Courage, frères, comprenez mon avidité, partagez mon désir, aimons ensemble, brûlons de la même soif ; ensemble courons à la fontaine de l'intelligence ; *comme le cerf,* élançons-nous *vers la fontaine* et sans parler de celle que désirent, pour le pardon de leurs péchés, les aspirants au Baptême, nous, les baptisés, soupirons après cette fontaine dont parle ailleurs l'Écriture : *Car en Toi est la fontaine de vie.* Lui-même il est fontaine et lumière, puisque *c'est dans sa lumière que nous verrons la Lumière (Ps.* 35, 10). S'il est fontaine et s'il est lumière, il est également intelligence, puisqu'il rassasie l'âme avide de savoir, et que tout être intelligent est illuminé non d'une lumière corporelle et charnelle qui viendrait du dehors, mais d'une lumière toute intérieure. Il y a donc, frères, au dedans de nous, une lumière que n'ont pas les êtres privés d'intelligence. De là vient que l'Apôtre, s'adressant aux âmes qui désirent cette fontaine et qui en reçoivent déjà quelque chose, les supplie *de ne pas se conduire comme font les impies, dans la vanité de leur esprit, avec une intelligence obscurcie, dans l'éloignement de la vie de Dieu, à cause de l'ignorance qui est en eux et qui provient de l'aveuglement de leur cœur (Éph., IV, 17-18)*. Si donc leur intelligence est obscurcie, en d'autres termes, s'ils sont dans l'obscurité pour n'avoir pas d'intelligence, nous qui avons l'intelligence, nous sommes dans la lumière. Cours aux fontaines, aspire *aux fontaines d'eaux vives*. En Dieu est la fontaine de vie et une fontaine intarissable; dans sa lumière est une lumière que rien ne saurait obscurcir. Aspire à cette lumière : à cette fontaine et à cette lumière que tes regards ne peuvent atteindre, c'est pour voir cette lumière que l'œil intérieur se prépare ; pour puiser à cette fontaine que brûle une soif intérieure. Cours à la fontaine, aspire à la fontaine, mais pas n'importe comment, ni comme ferait un animal quelconque : cours *comme le cerf ;* qu'est-ce-à-dire, comme le cerf ? Pas de lenteur dans la course. Cours avec ardeur et désire ardemment la fontaine, car qui dit cerf, dit rapidité.

Mais, sans doute, cette qualité n'est pas la seule que l'Écriture nous invite à considérer dans le cerf. Il y a encore autre chose. Écoute ce qu'il y a encore dans le cerf. Il tue les serpents et, après les avoir tués, il sent redoubler sa soif; les serpents détruits, il court avec plus d'ardeur encore à la fontaine. Les serpents, ce sont tes vices : anéantis les serpents d'iniquité, et tu aspireras plus fortement aux sources de la vérité. Peut-être l'avarice fait-elle entendre en toi quelque sifflement ténébreux : elle siffle contre la parole de Dieu ; elle siffle contre les commandements de Dieu, et quand on te dit méprise tel bien, ne commets pas cette iniquité, si tu aimes mieux commettre l'iniquité que de renoncer à quelque avantage temporel, plutôt que de détruire le serpent, tu choisis d'être mordu par lui. Tant que tu favorises ton vice, ta cupidité, ton avarice, ton serpent, tant que je te vois possédé d'un tel désir, comment peux-tu courir à la fontaine des eaux vives ? Comment pourrais-tu aspirer à la fontaine de la sagesse,

*Saint Augustin en méditation
par Botticelli.
(Église d'Ognissanti, Florence).*

travaillé que tu es par le venin de la malice? Supprime en toi tout ce qui s'oppose à la vérité, mais quand tu te sentiras affranchi de toute cupidité mauvaise, ne va pas demeurer inerte comme un homme sans désir. Il reste encore un but pour l'élan de ton âme, à la condition d'avoir renversé en toi tout obstacle à cet élan. Je t'entends déjà me dire, en bon cerf que tu es : « Dieu sait que je ne suis plus avare, que je ne convoite plus le bien d'autrui, que j'ai éteint en moi tout désir adultère, que je ne sèche plus d'envie contre qui que ce soit, et autre chose semblable. Tu me diras : je me suis affranchi de ces vices; et voilà que tu cherches de quoi te délecter : porte ton désir vers la source de la délectation : aspire à la fontaine des eaux vives. Dieu a de quoi te refaire et quand tu viendras à lui, rapide comme le cerf, il comblera la soif qui te tourmente depuis la destruction des serpents...

Mais voici que notre cerf, établi dans la foi, ne voyant pas encore ce qu'il croit, mais désirant comprendre ce qu'il aime, rencontre l'opposition de ceux qui ne sont pas cerfs comme lui, mais dont l'intelligence est obscurcie, dont la vie se passe dans les ténèbres intérieures, et que l'entraînement des vices a rendus aveugles; et voilà que par surcroît, ils insultent l'homme croyant, et, dans l'impossibilité où il est encore de leur montrer ce qu'il croit, ils lui demandent : *Où est ton Dieu?*...

En entendant tous les jours ce reproche : *Où est ton Dieu?* et n'ayant que mes larmes pour nourriture quotidienne, j'ai réfléchi sur ce que j'entendais : *Où est ton Dieu?* et je me suis mis moi-même à la recherche de mon Dieu, pour arriver, si c'était possible, non plus seulement à croire en lui, mais à me faire une certaine idée de lui. Je vois bien l'œuvre de mon Dieu, mais je ne vois pas mon Dieu lui-même, l'auteur de ces œuvres...

Mais son Dieu, l'âme doit-elle le concevoir d'après elle-même? Dieu, sans doute, ne peut être vu que par l'âme; mais il ne saurait être vu comme l'âme, car cette âme cherche à se faire de son Dieu une idée dont ne pourraient plus se moquer ceux qui disent : *Où est ton Dieu?* Et la voilà en quête d'une vérité immuable, d'une substance absolument parfaite. Tel n'est pas notre esprit : il progresse et il recule; il sait et il ignore; il se souvient et il oublie; tantôt il veut, tantôt il ne veut pas. Cette mutabilité ne saurait convenir à Dieu...

Aussi, cherchant mon Dieu dans les créatures visibles et mortelles et ne le trouvant pas ; cherchant à me faire, d'après moi-même, une idée de sa substance, comme s'il y avait quelque ressemblance entre lui et moi, et toujours sans succès, je sens que mon Dieu est quelque chose qui dépasse mon âme. Donc, pour arriver à l'atteindre : *J'ai réfléchi sur ce sujet et j'ai répandu au-dessus de moi mon âme.* Quand donc mon âme atteindra-t-elle ce qui doit se chercher au-dessus de mon âme, si mon âme ne se répand au-dessus d'elle ? Si elle demeurait en elle-même, elle ne verrait rien autre qu'elle, et tant qu'elle se verrait elle-même, naturellement, elle ne verrait pas son Dieu. Laissons donc désormais mes insulteurs me dire : *Où est ton Dieu ?* Laissons-les dire. Quant à moi, tant que je ne vois rien, tant que ma vision est différée, *je mange jour et nuit le pain de mes larmes.* Qu'ils me disent encore : *Où est ton Dieu ?* Moi, je cherche mon Dieu dans la créature corporelle, soit au ciel, soit sur la terre, et je ne le trouve pas ; je cherche en moi-même sa substance et je ne la trouve pas ; mais je ne cesse de poursuivre, en mes méditations, cette recherche de mon Dieu, et dans mon désir *de voir se découvrir à mon intelligence, par le moyen de ses œuvres, les perfections invisibles de Dieu, je répands au-dessus de moi mon âme* et il ne me reste plus rien à atteindre que mon Dieu. C'est là, dans cette région qui dépasse mon âme, qu'est la demeure de mon Dieu ; c'est là qu'il habite, c'est de là qu'il me regarde, de là qu'il m'a créé, de là qu'il me gouverne, de là qu'il prend soin de moi, de là qu'il m'appelle, de là qu'il m'encourage, de là qu'il me dirige, de là qu'il me conduit, de là qu'il m'amène au terme.

Car lui, qui habite dans le secret d'une si haute demeure, il a aussi *une tente* sur la terre. *Sa tente* est sur la terre ; son Église mène encore la vie nomade ; mais c'est là qu'il faut le chercher, car dans cette tente est le chemin par lequel on arrive dans sa maison. En effet, quand je répandais au-dessus de moi mon âme pour atteindre Dieu, pourquoi faisais-je cela ? *C'est que j'entrerai au lieu du Tabernacle, de ce Tabernacle admirable pour arriver à la maison de mon Dieu.* Déjà en effet, j'admire bien des choses de ce Tabernacle... J'admire ces vertus dans l'âme, et cependant je chemine encore sous la tente, mais je la dépasse, et tout admirable que soit le Tabernacle, mon étonnement grandit quand je parviens à la maison de Dieu... En effet, la source de l'intelligence est là, dans le sanctuaire de Dieu, dans la maison de Dieu. Là, le Psalmiste a compris la fin de tout...

Cependant, tout en admirant les membres du Tabernacle, il se sentait conduit jusqu'à la maison de Dieu, attiré par quelque chose de très doux, par je ne sais quelle délectation intérieure et secrète ; on aurait dit que de la maison de Dieu une suave mélodie s'échappait de quelque lyre, et tandis qu'il marchait dans le Tabernacle, ravi par cette musique intérieure, entraîné par sa douceur, il suivait la symphonie et, faisant taire en lui tous les bruits de la chair et du sang, il parvenait jusqu'à la maison de Dieu. Et lui-même fait allusion à ce chemin suivi et à ce charme attirant, et comme si nous lui demandions : « Toi qui parles du Tabernacle admirable de cette terre, comment es-tu parvenu jusqu'aux secrets de la maison de Dieu ? » « C'est, dit-il, *grâce à ces accents d'allégresse et de louange, comme il s'en échappe des banquets* »... Dans la maison de Dieu, c'est une fête sans fin. Là, point de réjouissance qui se célèbre et qui passe. Le chœur des Anges donne un concert éternel et le visage de Dieu toujours présent alimente une joie sans défaillance... De cette réjouissance éternelle et perpétuelle, il nous arrive quelque chose de très harmonieux et très doux aux oreilles du cœur à la condition que se taisent les bruits du monde. Pour qui marche sous la tente, et s'applique à considérer tous les miracles de Dieu pour la Rédemption de ses fidèles, les harmonies de cette fête charment déjà l'oreille et entraînent *le cerf vers la fontaine des eaux vives*.

Cependant, frères, parce que nous voyageons loin du Seigneur, tant que nous sommes dans ce corps, qui, par sa corruption, est un poids pour l'âme, parce que cette habitation terrestre accable l'esprit aux pensées multiples, l'ardeur de nos désirs, dans notre marche sur la terre, a beau faire, tant bien que mal, quelque éclaircie dans les nuages, pour nous permettre d'atteindre parfois à cette harmonie céleste et de goûter, en récompense de nos efforts, quelques délices de cette maison de Dieu, cependant, notre infirmité naturelle nous ramène par son propre poids à notre vie habituelle et nous fait retomber dans nos coutumières misères ; et, après avoir trouvé dans ces hautes régions des sujets de joie, voici qu'abondent ici-bas les sujets de plainte. Oui, notre *cerf*, qui *mange jour et nuit le pain de ses larmes*, entraîné par *son désir, vers la fontaine des eaux vives*, c'est-à-dire vers cette douceur divine qu'il sent au-dedans de lui; lui qui *répand au-dessus de lui son âme*, pour saisir un bien qui dépasse son âme; lui qui *marche au lieu du Tabernacle admirable, jusqu'à la maison de Dieu*, entraîné par les charmes de cette harmonie intérieure et pleine de sens pour lui, méprisant toutes les sollicitations extérieures pour mieux goûter ce ravissement intime, cependant, il est encore homme, il gémit encore ici-bas, il porte encore une chair fragile, et se sent toujours menacé parmi les scandales de ce monde. Il abaisse donc les yeux sur lui-même, comme quelqu'un qui revient de bien haut, et, relégué parmi toutes ces misères, il les compare à cet océan de joies, où il était entré pour les voir, et d'où il est sorti après les avoir vues, et il s'écrie : *Pourquoi es-tu triste, ô mon âme, et pourquoi te troubles-tu ?* Vois donc ! une certaine douceur intérieure nous a déjà inondé de joie; et par la fine pointe de notre esprit, oh ! bien à la légère et comme en courant nous avons pu saisir cependant quelque chose d'immuable. Pourquoi me troubler encore et pourquoi cette tristesse ? Tu ne vas pas douter de ton Dieu ? Tu n'es plus maintenant sans réplique contre ceux qui te disent : *Où est ton Dieu ?* Désormais j'ai senti quelque chose d'immuable. *Pourquoi me troubles-tu* encore ? *Espère en Dieu.* Et son âme bien que silencieuse, semble répondre à son tour : pourquoi est-ce que je te trouble, sinon parce que je ne suis pas encore là où réside cette douceur par laquelle j'ai été ravie, un instant trop court. Puis-je boire encore à cette fontaine sans avoir rien à craindre ? N'ai-je plus aucun scandale à redouter ? Suis-je en sécurité du côté de toutes mes passions, comme si elles étaient domptées et vaincues ? N'ai-je pas contre moi le démon, cet adversaire toujours vigilant ?... Tu ne veux pas que je te trouble, placée que je suis dans le siècle, et encore voyageuse loin de la maison de mon Dieu ! Mais *espère en Dieu*...

(*Enarratio in Ps.* 41, 2-10 : fragments retenus par C. Butler, *Western Mysticism*, pp. 26-31.) Trad. Humeau. Les plus belles homélies de St. Augustin (Éd. Beauchesne).

Saint Augustin apprenant de saint Jean le mystère de la Trinité, par Le Corrège. (Église Saint-Jean, Parme).

La Trinité

Croyons donc, avec une sincère et solide piété en un seul Dieu, Père, et Fils et Saint-Esprit, sans croire que le Fils soit le Père, ni que le Père soit le Fils, ni que l'Esprit qui est commun à l'un et à l'autre soit le Père et le Fils. Croyons que rien dans la Trinité n'est séparé ni par des temps, ni par des lieux, mais que ces trois choses sont égales, co-éternelles et entièrement d'une seule et même nature, que toutes les choses créées ne l'ont pas été, les unes par le Père, les autres par le Fils, et d'autres par le Saint-Esprit, mais que toutes celles qui ont été ou qui sont créées, subsistent par la Trinité créatrice. Croyons que personne ne peut être sauvé par le Père sans le Fils et le Saint-Esprit, ni par le Fils sans le Père et le Saint-Esprit, ni par le Saint-Esprit sans le Père, mais par le Père, le Fils et le Saint-Esprit, ne formant qu'un seul et vrai Dieu, un Dieu véritablement immortel, c'est-à-dire un seul Dieu, immuable dans son éternité ! L'Écriture, il est vrai, dit séparément bien des choses sur ces trois personnes, pour nous faire comprendre la vérité de cette Trinité, quoiqu'elle soit indivisible. De même que nous ne pouvons pas nommer simultanément par des paroles ces trois personnes, quoiqu'elles soient inséparables, de même, dans certains passages de l'Écriture, elles sont désignées séparément et tour à tour par diverses figures de choses créées. Le Père, par exemple, par cette parole qui se fit entendre : « Vous êtes mon Fils bien-aimé » (*Ps.* 2, 7) ; le Fils par l'homme dont Il s'est revêtu dans le sein d'une Vierge (*Luc*, II, 7) ; le Saint-Esprit par la figure d'une colombe (*Mat.*, III, 16). Ces symboles nous montrent bien les trois personnes séparément, mais non leur séparation.

Pour comprendre plus aisément ce mystère, prenons l'exemple de la mémoire, de l'intelligence et de la volonté. Quoique nous énoncions ces trois facultés l'une après l'autre et séparément, nous ne pouvons cependant rien faire, ni rien dire de l'une sans le concours des deux autres. Nous ne pouvons pas cependant les comparer à la Trinité, et croire qu'elles aient avec elle une convenance parfaite. En effet, peut-il y avoir une comparaison assez parfaite pour se rapporter, en tous points, à la chose à laquelle on l'applique ; et que peut-on trouver dans la créature de semblable au Créateur ? La première différence qui se présente dans cette comparaison, c'est que la mémoire, l'intelligence et la volonté sont dans l'âme, et que ces trois facultés ne sont pas l'âme même, tandis que la Trinité n'est pas en Dieu, mais est Dieu. Or, ce qui fait l'admirable simplicité de la nature divine, c'est qu'en elle, l'être et l'intelligence et tout autre attribut se confondent ; tandis que l'âme est, même quand elle ne comprend pas, car être n'est pas la même chose que comprendre. Ensuite qui osera dire que le Père ne comprend point par lui-même, mais par le Fils, comme la mémoire ne comprend point par elle-même, mais par l'intelligence, ou plutôt comme l'âme qui renferme ces facultés, comprend seulement par l'entendement, se souvient par la mémoire, et veut par la volonté ? La comparaison qu'on fait entre la Trinité et ces trois facultés de l'âme, est donc uniquement pour faire comprendre que dans l'énonciation de ces trois choses l'une après l'autre, le nom de chacune ne peut être énoncé sans le concours des trois ensemble, puisque, pour l'énoncer, il faut qu'on se souvienne, que l'on comprenne et que l'on veuille. De même, il n'y a pas de créature par laquelle on désigne symboliquement le Père seul ou le Fils seul ou le Saint-Esprit seul, qui ne soit l'œuvre simultanée de la Trinité qui agit toujours individuellement. Ainsi, la voix qui nous désigne le Père, l'âme et le corps du Fils, la colombe sous laquelle a paru le Saint-Esprit sont l'œuvre simultanée des trois personnes réunies.

(*Lettre* 169,2 (5-6).
Trad. (Péronne-Écalle-Vincent) Barreau.)

Nous sommes les membres du Corps du Christ

Mes Frères, vous voyez dans nos membres comment chacun d'eux a sa fonction. L'œil voit, il n'entend pas ; l'oreille entend, elle ne voit pas ; la main travaille, elle n'entend ni ne voit ; le pied marche, il n'entend ni ne voit, ni ne fait ce que fait la main. Mais dans l'unité du corps, si le corps est bien portant, si les membres ne luttent pas les uns contre les autres, l'oreille voit par l'œil, l'œil entend par l'oreille ; et l'on ne peut reprocher à l'oreille de ne pas voir, ni lui dire : « Tu n'es rien ; tu es impuissante ; peux-tu voir et distinguer les couleurs, comme fait l'œil ? » Grâce à l'unité paisible du corps, l'oreille peut répondre et dire : « Je suis là où est l'œil, car je suis dans le même corps ; je ne vois pas par moi-même, mais je vois par cet organe, avec lequel je vois. » Ainsi l'oreille dit : « L'œil voit pour moi » ; l'œil dit : « l'oreille entend pour moi » ; les yeux et les oreilles disent : « les mains travaillent pour nous » ; les mains disent : « les yeux et les oreilles voient et entendent pour nous » ; les yeux, les oreilles et les mains disent : « les pieds marchent pour nous » ; quand tout se passe ainsi, quand tous les membres coopèrent dans l'unité du corps, quand il y a santé et concorde, alors les membres jouissent, et jouissent les uns des autres. Et si un membre a quelque souffrance, les autres ne l'abandonnent pas, mais y compatissent. Prétendra-t-on que, parce que dans le corps le pied est bien loin des yeux, si par hasard une épine est entrée dans le pied, les yeux ne s'en soucient pas ? Ne voyons-nous pas au contraire, que tout le corps se ramasse, l'homme s'assied, le dos se courbe pour chercher cette épine qui s'est enfoncée dans le pied ? Tous les membres font ce qu'ils peuvent pour retirer l'épine de ce membre infime et humble. Ainsi donc, mes frères, que celui qui dans le corps du Christ ne peut pas ressusciter un mort ne cherche point à faire ce miracle ; mais qu'il cherche à être dans le corps du Christ un membre bien adapté ; l'oreille ne le serait pas si elle cherchait à voir. On ne peut faire ce dont on n'a pas reçu le don. Si donc on lui objecte : « Si tu étais juste, tu ressusciterais les morts, comme a fait Pierre »... si des païens ignorants viennent lui dire cela, que l'humble membre du Christ réponde : « Toi qui me dis : tu n'es pas juste, si tu ne fais pas de miracle, tu pourrais aussi bien dire à l'oreille : « tu n'es pas dans le corps, toi qui ne vois pas ». « Tu devrais faire, insiste-t-on, ce que Pierre a bien fait ». « Mais Pierre l'a fait pour moi aussi, parce que je suis dans ce corps pour lequel Pierre l'a fait ; dans ce corps, je puis ce qu'il peut, puisque je n'en suis pas séparé ; si je puis moins, il souffre avec moi ; s'il peut davantage je me réjouis avec lui. Est-ce que le Seigneur lui-même n'a pas crié du haut du ciel, pour son corps : « Saul, Saul, pourquoi me persécutes-tu ? » Lui pourtant, personne ne le touchait, mais du ciel le chef criait pour le corps qui souffrait sur terre. »

(*Enarratio in Psalmum* 130, 6. Trad. J. Lebreton.)
La vie chrétienne au 1er siècle de l'Église (Éd. Grasset).

L'unique et jumelle charité

Or, comment trouvons-nous, dans ces deux commandements du Seigneur au paralytique de Bethsaïda, la figure des deux préceptes de la Charité ? « Prends, dit-il, ton grabat et marche ». Réfléchissez avec moi, Frères, à la nature de ces deux préceptes. Ils doivent vous être très connus, et non seulement vous venir à l'esprit, quand nous les rappelons, mais ne jamais s'effacer de vos cœurs : tel est votre devoir. Pensez sans cesse qu'il faut aimer Dieu et le prochain : « Dieu, de tout ton cœur, de toute ton âme et de tout ton esprit ; et ton prochain comme toi-même ». Tel doit être l'objet continuel de vos pensées, de votre méditation, de votre souvenir, de vos actions, de tous vos efforts. L'amour de Dieu est le premier dans l'ordre du précepte, mais l'amour du prochain est le premier dans l'ordre de l'exécution. Et en effet Celui qui te commandait cet amour en deux préceptes, ne pouvait te commander d'aimer d'abord ton prochain et Dieu ensuite ; mais Dieu et le prochain. Seulement, parce que tu ne vois pas encore Dieu, c'est en aimant le prochain que tu mérites de Le voir ; en aimant le prochain, tu purifies ton œil pour voir Dieu. C'est pour Jean une évidence : « Si tu n'aimes pas ton frère que tu vois, comment pourras-tu aimer Dieu que tu ne vois pas ? » (*I Jn.*, IV,20). On te dit : Aime Dieu. Si tu me dis : Montre-moi celui que je dois aimer ; que répondrai-je, sinon ce que dit Jean lui-même : « Dieu, personne ne l'a jamais vu » (*Jn.* I, 18) ? Et pourtant ne te crois pas tout à fait étranger à la vision de Dieu : « Dieu, dit Jean, est Amour ; et quiconque demeure dans l'amour demeure en Dieu » (*I Jn*, IV, 16). Aime donc le prochain ; et considère en toi la source de cet amour du prochain ; là, autant qu'il est possible, tu verras Dieu. Commence donc à aimer le prochain. « Partage avec l'affamé ton pain, et l'indigent sans toit, reçois-le en ta maison ; si tu vois un homme nu, habille-le, et ne méprise pas ceux qui sont de ta propre chair » (*Is.* 58, 7-8). En agissant ainsi, qu'obtiendras-tu ? « Alors ta lumière poindra, comme la lumière du matin » (*Is.* 58, 8). Ta lumière, c'est ton Dieu, pour toi lumière du matin, car elle succédera à la nuit de ce siècle : Lui, en effet, Il ne se lève ni ne se couche, parce que Il demeure éternellement. Il sera lumière du matin pour toi qui reviens, Lui qui avait été comme le soleil couchant, alors que tu périssais. Ainsi donc : « Prends ton grabat » me paraît signifier : Aime ton prochain.

(*In Johannis Evangelium Tractatus* 17,8.
Trad. A. M. La Bonnardière.)

Le travail est une joie

Le Seigneur Dieu prit donc l'homme qu'il avait fait et le mit dans le paradis pour qu'il travaillât et gardât. A quoi devait-il travailler et que devait-il garder ? Dieu a-t-il voulu que le premier homme se livrât à l'agriculture ? Faut-il croire qu'il avait condamné l'homme au travail avant son péché ? C'est en effet ce que nous penserions, si nous ne voyions des hommes se livrer avec tant de bonheur à la culture de la terre, que c'est, pour eux, un vrai chagrin, d'en être détournés pour s'appliquer à un autre travail. Quelques charmes que présente donc l'agriculture, elle en avait donc de bien plus grands lorsque rien de la part du ciel ou de la terre n'en venait contrarier le résultat. Ce n'était point un travail pénible, mais un exercice volontaire pour l'homme que de faire produire au sol, par un travail plein de charme et de succès, des

121

La vie aux champs.
Mosaïque du Seigneur Julius, IVe-Ve s.
(Musée du Bardo).

fruits plus abondants, qui le portaient à louer davantage le Créateur d'avoir donné à son âme, placée dans un corps animal, la raison et la faculté de se livrer au travail autant que cela lui était agréable, non pas autant que l'exigeaient les besoins de son corps.

Est-il spectacle plus grand et plus admirable, en est-il où la raison de l'homme puisse mieux s'entretenir, en quelque sorte, avec la nature des choses, que celui où, après avoir jeté des semences en terre, planté des rejetons, transplanté des arbustes, placé des greffes, il cherche à surprendre, si je puis parler ainsi, le sujet de chaque espèce de racines ou de graines, et sa puissance s'étend à savoir jusqu'où elle s'arrête, ce que peut, en elles, la vertu intérieure et invisible des nombres, et quelle action exercent sur elles les soins extérieurs qu'on leur prodigue, et se convaincre, dans cette étude, que ce n'est ni celui qui plante, ni celui qui arrose, qui est quelque chose, mais Dieu seul qui donne l'accroissement (*I Cor.*, III, 7) ; car les soins, même extérieurs dont ils sont l'objet, ne leur sont prodigués que par celui que Dieu a créé comme elles et qu'il conduit et gouverne invisiblement.

> (*De Genesi ad litteram*, VIII, 8 (15-16).
> Trad. (Péronne-Écalle-Vincent) Charpentier.)

Moralité dans la vie économique

« Je célébrerai votre salut tout le jour parce que je n'ai pas connu les affaires de négoce ». Quelles sont ces affaires de négoce ? Que ceux qui font le négoce entendent et changent de vie ; ce qu'ils ont été, qu'ils cessent de l'être ; qu'ils ne sachent plus ce qu'ils étaient et qu'ils l'oublient ; enfin qu'ils n'approuvent pas, qu'ils ne louent pas ce qu'ils ont été, mais qu'ils le désapprouvent, qu'ils le condamnent, et qu'ils changent de vie, si le négoce est un péché. C'est, en effet, je ne sais quelle avidité d'amasser, ô homme de négoce, qui vous fera blasphémer Dieu, si vous venez à subir quelque perte, et on ne trouvera plus en vous ce que nous venons de dire : « la louange de Dieu tout le jour ». Quand non seulement vous mentez sur le prix de vos marchandises, mais encore que vous faites de faux serments, comment la louange de Dieu serait-elle tout le jour dans votre bouche ? Comment, si vous êtes chrétien, votre bouche est-elle cause que le nom de Dieu soit blasphémé, de sorte que l'on dise : Voilà ce que sont les chrétiens ? Si donc le Prophète chante tout le jour la louange de Dieu, parce qu'il n'a pas connu les affaires de négoce, que les chrétiens se corrigent, et qu'ils cessent de se livrer au négoce.

Mais, me dira quelque négociant : Voilà que j'apporte de loin des marchandises dans les lieux où elles manquent, pour gagner ma vie, et je demande, comme salaire de la peine que je prends de vendre ces marchandises, un prix plus élevé que je ne les achète. Autrement, comment gagnerais-je ma vie, puisqu'il est écrit : « L'ouvrier mérite son salaire » ? Mais vous me parlez de mensonges, de parjures. Ce vice est mon fait, et non celui de ma profession. Si je le voulais, je pourrais agir sans cette fraude. Je ne rejette donc pas ma faute sur le commerce, et je dis que si je mens, c'est moi qui mens, et non mon commerce. Car je pourrais dire : j'ai acheté cette marchandise pour tel prix, mais je la vends pour tel autre ; si cela vous convient, achetez. Une parole aussi franche, loin d'éloigner l'acheteur, ferait au contraire que tous accourraient, estimant encore la bonne foi plus que la marchandise. Enseignez-moi donc, dit le négociant, que je ne dois ni mentir, ni me parjurer, mais ne me demandez pas de renoncer aux affaires qui me font subsister. D'ailleurs à quelle occupation m'appellerez-vous, après m'avoir retiré de celle-ci ? Peut-être à quelque métier. Je serai cordonnier ; je ferai des chaussures. Est-ce que les fabricants de chaussures ne mentent pas aussi bien que les commerçants ? Est-ce qu'ils ne se parjurent pas de la même façon ? Après s'être engagés à faire des souliers pour quelqu'un, s'ils viennent à recevoir de l'argent d'une autre personne, ne laissent-ils pas là les chaussures qu'ils faisaient pour le premier, et ne travaillent-ils pas pour le second, au détriment de celui à qui ils avaient promis d'achever rapidement sa commande ? Ne disent-ils pas souvent : « Ce sera pour aujourd'hui sans faute ; je terminerai aujourd'hui ? » Et puis, dans la confection même de leurs chaussures, ne commettent-ils pas des fraudes aussi considérables ? Ils disent une chose, ils en font une autre. Mais le mal vient d'eux, il ne vient pas du métier qu'ils exercent. Donc tous les artisans qui sont mauvais et qui ne craignent point Dieu mentent et se parjurent soit pour gagner davantage, soit pour éviter une perte, ou pour échapper au besoin ; par conséquent, ils ne louent point Dieu tout le jour.

Mais à quoi bon me détourner du commerce ? Est-ce pour que je devienne agriculteur et que je murmure contre Dieu, s'il vient à faire quelque orage ; pour que je consulte le sorcier, si je crains la grêle ; pour que je cherche je ne sais quelle querelle au ciel ; pour que je souhaite une famine qui tombe sur les pauvres afin que j'aie l'occasion de vendre le blé amassé dans mes greniers ? Est-ce à cela que vous m'amenez ? Mais, dites-vous, les cultivateurs honnêtes n'agissent pas ainsi. Les négociants honnêtes ne font pas non plus ce que vous leur reprochez. Mais, à raisonner ainsi, n'est-ce point un mal d'élever des enfants, puisque certaines mères, quand ils souffrent de la tête, recourent à des amulettes ou à des incantations sacrilèges ? Tous ces péchés appartiennent aux hommes et non pas aux choses. Voilà ce que peut me dire un commerçant : Cherchez donc, Évêque qui prêchez, cherchez dans quel sens vous devez interpréter ces affaires de négoce dont parle le Psaume, de peur que vous n'alliez me détourner du commerce, parce que vous aurez mal compris ces paroles. Enseignez-moi plutôt comment je dois vivre ; car si je vis honnêtement, tout sera pour le mieux. Ce dont je suis sûr, c'est que, si je suis méchant, la faute n'en est pas au commerce, mais à ma propre iniquité. — Quand une chose est vraie. il n'y a pas lieu de contredire.

(*Enarratio in Psalmum* 70, I, 17.
Trad. (Péronne-Écalle-Vincent) Barreau.)

Les deux Cités

Deux amours ont bâti deux cités : l'amour de soi jusqu'au mépris de Dieu fit la cité terrestre ; l'amour de Dieu jusqu'au mépris de soi fit la cité céleste. L'une se glorifie en elle-même, l'autre dans le Seigneur. L'une mendie sa gloire auprès des hommes ; Dieu, témoin de la conscience, est la plus grande gloire de l'autre. L'une, appuyée sur sa propre gloire, redresse la tête, l'autre dit à son Dieu : *Tu es ma gloire et redresses ma tête* (*Ps.* 3, 4). Chez les princes et les nations que l'une s'est soumis, la passion du pou-

Les deux cités. La Cité de Dieu, *manuscrit de* 1489.
(Bibliothèque Universitaire de Bâle).

voir l'emporte ; dans l'autre, tous se font les serviteurs
du prochain dans la charité, les chefs veillant au bien de
leurs subordonnés, ceux-ci leur obéissent. La première
cité, dans la personne de son propre chef, admire sa propre
force. L'autre dit à son Dieu : *Je t'aimerai, Seigneur, toi,
ma force (Ps.* 17, 2). Aussi dans la première, les sages
mènent une vie tout humaine, ont recherché les biens du
corps ou de l'esprit, ou les deux à la fois ; ceux d'entre eux
qui ont pu connaître Dieu *ne l'ont pas glorifié comme Dieu
et ne lui ont pas rendu grâce, mais sont devenus vains dans
leurs pensées, et leur cœur sans intelligence s'est enveloppé
de ténèbres ; se vantant d'être sages* (c'est-à-dire dominés
par leur propre orgueil et se targuant de leur sagesse)
*ils sont devenus fous ; et ils ont échangé la majesté du Dieu
incorruptible pour des images représentant l'homme sujet
à la corruption, des quadrupèdes, des reptiles.* C'est à l'adoration de ces images qu'ils sont arrivés, meneurs ou

menés, *et ils ont adoré et servi la créature de préférence au Créateur, lequel est béni dans tous les siècles* (*Rom.*, I, 21-25). Mais dans l'autre cité, toute la sagesse de l'homme est dans la piété qui seule rend au vrai Dieu un culte légitime et qui attend pour récompense la société des saints, celle des hommes et aussi celle des anges, *afin que Dieu soit tout en tous* (*I Cor.*, XV, 28).

(*Cité de Dieu*, XIV, 28. Trad. A. Lauras - H. Rondet.)
Études Augustiniennes (Éd. Montaigne).

Cité de Dieu, cité terrestre et l' « Histoire »

Mais ceux qui ne vivent pas de la foi cherchent la paix de leur maison dans les biens et les commodités de cette vie ; au lieu que ceux qui vivent de la foi attendent les biens éternels de l'autre vie qui leur ont été promis, et se servent des temporels comme des voyageurs et des étrangers, non pour y mettre leur cœur et se détourner de Dieu auquel ils tendent, mais pour en être soulagés et se rendre en quelque façon plus supportable le poids de ce corps corruptible qui appesantit l'âme. Ainsi, il est vrai que l'usage des choses nécessaires à la vie est commun aux uns et aux autres dans le gouvernement de leur maison, mais la fin à laquelle ils rapportent cet usage est bien différente. Il en est de même de la Cité de la terre qui ne vit pas de la foi. Elle recherche la paix temporelle ; et c'est l'unique but qu'elle se propose dans la concorde qu'elle tâche d'établir parmi ses citoyens, qu'il y ait entre eux une union de volonté pour pouvoir jouir plus aisément du repos et des plaisirs. Mais la Cité céleste, ou plutôt cette partie de cette Cité qui est étrangère ici-bas et qui vit de la foi, ne se sert de cette paix que par nécessité, en attendant que tout ce qu'il y a de mortel en elle passe. Cela est cause que, tandis qu'elle est comme captive dans la Cité de la terre, où toutefois elle a déjà reçu les promesses de sa rédemption et le don spirituel comme un gage de ses promesses, elle ne fait point de difficulté d'obéir aux lois de cette Cité qui servent à régler les choses nécessaires à la vie ; afin que, comme elle lui est commune avec elle, il y ait pour ce regard une concorde réciproque entre les deux Cités. Mais parce que la Cité de la terre a eu certains Sages dont la sagesse est condamnée dans l'Écriture, qui, sur de fausses imaginations, ou trompés par les démons, croyaient qu'il se fallait rendre favorables plusieurs dieux comme présidant chacun sur diverses choses, l'un sur le corps, l'autre sur l'âme, et dans le corps même, celui-ci sur la tête, celui-là sur le cou, et ainsi des autres membres, et dans l'âme aussi, l'un sur l'esprit, l'autre sur la doctrine ou sur la colère, ou sur l'amour, pareillement dans les choses qui servent à la vie, celui-ci sur les troupeaux, cet autre sur les blés ou sur les vignes, et ainsi du reste ; et que d'autre côté la Cité céleste ne reconnaissait qu'un seul Dieu, et croyait qu'à lui seul était dû le culte de latrie, elle n'a pu avoir une religion commune avec la Cité de la terre, et a été obligée de disconvenir avec elle pour ce regard ; si bien qu'elle aurait été en danger d'être toujours exposée à la haine et aux persécutions de ses ennemis, s'ils n'eussent enfin été effrayés du nombre de ceux qui embrassaient son parti, et de la protection visible du ciel. Tandis donc que cette Cité céleste voyage sur la terre elle attire à soi des citoyens de toutes les nations, et ramasse de tous les endroits du monde une société qui est étrangère comme elle ici-bas, sans se mettre en peine de la diversité des mœurs, du langage et des coutumes de ceux qui la composent, pourvu que cela ne les empêche point de servir le même Dieu. La Cité céleste use donc aussi pendant son pèlerinage de la paix temporelle, et des choses qui sont nécessairement attachées à notre nature mortelle ; elle est bien aise que les hommes vivent en bonne intelligence autant que la piété et la Religion le peut permettre ; et elle rapporte la paix terrestre à la céleste, qui est tellement la vraie paix, que la créature raisonnable n'en peut justement avoir d'autre et qui consiste dans une union très réglée et très parfaite pour jouir de Dieu, et pour jouir les uns des autres en Dieu. Lorsque nous en serons venus là, notre vie ne sera plus mortelle ni notre corps animal ; mais nous posséderons une vie immortelle, et un corps spirituel sans aucune indigence et parfaitement soumis à la volonté. Elle a cette paix ici-bas par la foi, lorsqu'elle rapporte à l'acquisition de cette paix tout ce qu'elle fait de bonnes œuvres en ce monde, tant à l'égard de Dieu, que du prochain, d'autant que la vie de la Cité est une vie de société.

(*Cité de Dieu*, XIX, 17. Trad. Lombert).

Le donné empirique de l'Histoire

Voilà, à défaut d'une réponse plus ample et opportune, celle que peut opposer à nos ennemis la famille rachetée du Seigneur Christ, la Cité ici-bas étrangère du Christ-Roi.

Qu'elle se souvienne pourtant que parmi ses ennemis mêmes se cachent de ses futurs citoyens, de peur qu'elle ne croie qu'il n'y a nul bénéfice à les supporter patiemment comme ennemis, jusqu'au jour où ils proclameront leur foi. De même, tant que la Cité de Dieu poursuit son pèlerinage dans le monde, elle compte dans son sein des hommes qui sont unis par la communion des sacrements, mais ne seront pas associés à l'éternelle destinée des saints. On ignore les uns, on connaît les autres : il en est qui n'hésitent pas à murmurer contre Dieu, dont ils portent le signe sacré, avec les ennemis de Dieu ; tantôt ils remplissent avec ses ennemis les théâtres, et tantôt avec nous les églises. Tels qu'ils sont, il faut d'autant moins désespérer de leur amendement que, parmi nos adversaires les plus déclarés, se cachent des amis prédestinés qui s'ignorent encore eux-mêmes.

C'est que les deux Cités sont mêlées, enchevêtrées dans ce siècle-ci, jusqu'à la discrimination du jugement final.

Exposer leur naissance, leur développement, la fin qui les attend, voilà ce que je vais faire, pour autant que le Ciel voudra m'aider, servant ainsi la gloire de la Cité de Dieu, qui tirera de ces contrastes mêmes un plus vif éclat.

(*Cité de Dieu*, I, 35. Trad. de Labriolle.)
(Éd. Garnier).

Déprécation à l'âme de Rome

Voilà ce que tu devrais plutôt désirer, ô âme romaine si estimable, ô race des Régulus, des Scévola, des Scipion, des Fabricius, oui, voilà le digne objet de tes désirs. Sache distinguer un tel culte de ces honteuses sottises, de cette perfide imposture des démons. Si brille en toi un principe naturel estimable, ce n'est que de la vraie piété qu'il recevra sa parfaite pureté et son parachèvement ; l'impiété ne peut que le gâter et le perdre. Choisis ta route aujourd'hui, afin que ce ne soit plus en toi-même mais dans le Dieu véritable qu'on te loue sans illusion. Tu as conquis la gloire devant les peuples, mais par une mystérieuse décision de la divine Providence, tu n'as pas su choisir la vraie Religion. Réveille-toi, le jour est venu ! Déjà tu t'es réveillée dans la personne de quelques-uns dont la parfaite vertu, les souffrances subies pour la vraie foi, font notre gloire ; ceux-là ont lutté jusqu'au bout contre les puissances ennemies, ils les ont vaincues par l'intrépidité de leur mort, et par *leur sang ils nous ont préparé cette patrie* (Virgile, *En.*, XI, 24 et suiv.). C'est à cette patrie que nous te convions ; viens, nous t'y exhortons, viens grossir le nombre de ses citoyens : leur asile, à eux, c'est, si j'ose dire, la véritable rémission des péchés. N'écoute pas ceux des tiens qui, dégénérés, calomnient le Christ et les Chrétiens, accusent cette époque comme une époque de malheur : ce qu'ils veulent, ce n'est pas tant une ère de tranquillité que la sécurité de leurs vices. Un loisir comme celui-là, jamais tu n'y as pris goût, même pour la patrie terrestre. Emporte aujourd'hui la patrie céleste ; la conquête ne t'en coûtera guère et tu y régneras véritablement et à jamais. Là, plus d'habitacle pour Vesta, plus de pierre Capitoline, mais le seul Dieu véritable *qui ne te mesure ni l'espace ni la durée et te donnera un empire sans fin* (Virgile, *En.*, I, 278).

N'aie plus recours à des dieux de mensonge et de duperie ; rejette-les avec mépris ; élance-toi vers l'authentique liberté. Ce ne sont pas des dieux mais des esprits pervers pour qui ta félicité éternelle est un supplice. Junon n'a jamais tant envié aux Troyens, tes ancêtres selon la chair, la gloire de la citadelle romaine, que n'envient au genre humain les demeures éternelles ces démons que tu prends pour les dieux. Toi-même tu en as eu pour une large part l'intuition, quand, les apaisant par des jeux, tu as voulu que fussent regardés comme infâmes ceux mêmes qui les pratiquaient. Souffre qu'on revendique ta liberté contre les esprits immondes qui ont fait peser sur ton cou le joug d'une ignominie qu'il t'a fallu sanctifier et célébrer. Tu as éloigné des honneurs que tu dispenses les acteurs des crimes divins : supplie le vrai Dieu d'éloigner de toi ces dieux qui se délectent de leurs propres crimes, — ignominieux s'ils sont véritables ; pleins de malice, s'ils ne sont que fictions. Tu as bien fait de refuser toi-même tout lien avec la cité aux histrions et aux comédiens. Mais réveille-toi plus complètement : la majesté divine ne saurait absolument pas être honorée par des moyens qui sont une souillure pour la dignité humaine. Comment peux-tu ranger parmi les saintes puissances célestes des dieux qui trouvent leur agrément à de tels hommages, quand tu te refuses à admettre au nombre des citoyens, si ravalés soient-ils, ceux qui sont chargés de les leur offrir ?

Incomparablement plus prestigieuse est la Cité d'en haut, où la victoire c'est la vérité ; où les honneurs c'est la sainteté ; où la paix, c'est le bonheur ; où la vie, c'est l'éternité. Si tu rougis de compter de tels hommes parmi les tiens, à plus forte raison ne veut-elle pas dans son sein de tels dieux. Donc si tu veux parvenir à la Cité heureuse, évite la société des démons. Il serait indigne que ceux qui sont apaisés par des infâmes soient honorés par d'honnêtes gens. Écarte-les donc de ta piété par le moyen de la purification chrétienne, de même que la note du censeur les écarte des honneurs.

(*Cité de Dieu*, II, 29. Trad. de Labriolle.)
(Éd. Garnier).

Priez pour votre Évêque

Et maintenant, affranchi de l'erreur, débarrassé de la difficulté de faire le bien, guéri de toute langueur et du dégoût de la Parole de Dieu, peut-être mérites-tu qu'on te confie la direction des fidèles, qu'on te donne à gouverner et à conduire la barque d'une Église. Ici apparaît une quatrième tentation. Les tempêtes de la mer secouent l'Église et troublent le pilote. En définitive, tout fidèle peut éprouver les trois premières tentations, mais la quatrième nous est propre, et le danger grandit avec les honneurs qu'on nous confère. Chacun de vous peut craindre que le péril de l'erreur ne le détourne de la vérité ; il peut craindre de se laisser vaincre par la concupiscence, préférant la suivre que de crier vers le Seigneur au milieu des difficultés qu'elle suscite ; chacun de vous peut craindre de laisser s'affadir en lui le goût de la Parole de Dieu au risque de s'exposer à la mort par une pareille

Saint Augustin évêque, par Andrea della Robbia.
(Église Sainte-Marie-des-Grâces, Arezzo).

tiédeur. Mais la tentation qui vient du gouvernement des âmes, la tentation du péril attaché à la direction d'une Église, nous atteint tout particulièrement. Et vous, pourriez-vous être indifférents à ce danger, si toute la barque menace de sombrer ? Je vous dis cela de peur que, sous prétexte que cette quatrième tentation nous regarde spécialement, vous ne vous en inquiétez moins, et vous ne vous relâchiez dans vos prières pour nous, alors qu'il vous faudrait les continuer, étant les premiers exposés au naufrage. Et quoi, mes frères, parce que ce n'est pas vous qui tenez le gouvernail, n'en êtes-vous pas moins des passagers dans la même barque ?

(*Enarratio in Psalmum* 106, 7. Trad. Humeau.)
Les plus belles homélies de St. Augustin (Éd. Beauchesne).

Les déchirements de la vie apostolique

Quand il s'agit de punir ou de ne pas punir, quel embarras ! Tout ce que nous voulons, c'est contribuer au salut de ceux à l'égard desquels nous nous décidons à user de rigueur ou d'indulgence. Et la mesure à garder dans la punition, — car il faut tenir compte non seulement de la nature et du nombre des fautes, mais des forces morales de chacun, de ce que le délinquant peut ou non supporter ; autrement c'est l'arrêter dans ses progrès et même l'exposer à des chutes, — quelle tâche mystérieuse, énigmatique ? Je me demande même si la crainte de la punition suspendue sur les hommes n'en a pas gâtés plus qu'elle n'en a corrigés. Et n'arrive-t-il pas aussi qu'en punissant le coupable, souvent on le perd ; et qu'en le laissant impuni, souvent on en perd un autre ? J'avoue que, dans ces matières, je me trompe tous les jours et que j'ignore quand et de quelle manière je dois observer ces paroles de l'Apôtre : « Reprenez devant tout le monde ceux qui pèchent afin d'inspirer aux autres de la crainte » (*I Tim.*, v, 20) et d'autre part ces paroles du Christ : « Si votre frère a péché, reprenez-le entre vous et lui seul » (*Mat.*, VII, 1), et celles encore de l'Apôtre : « Qui êtes-vous pour oser ainsi condamner le serviteur d'autrui ? Qu'il tombe ou reste debout, cela regarde son maître. Mais il se tiendra debout, car Dieu a le pouvoir de le soutenir » (*Rom.*, XIV, 41). Que d'incertitudes dans tout

Saint Augustin par N. d'Hagenau.
(Isenheim).

cela, mon cher Paulin, saint homme de Dieu ! Ah ! oui,
que de sujets de trembler, et quelles ténèbres !

Et les divines Écritures elles-mêmes, ne les effleurons-
nous pas plutôt que nous ne les exposons vraiment ?
Dans la plupart des textes, nous cherchons que comprendre
plus que nous n'y savons trouver un sens définitif et arrêté.
Et cette réserve pleine d'inquiétude vaut encore mieux
que des affirmations téméraires. N'y a-t-il pas quantité
de cas où l'homme qui ne juge pas selon la chair (cette
chair que l'Apôtre dit être la mort) scandalisera fortement
celui qui juge encore selon la chair. Aussi il est très dangereux de dire ce que l'on pense, très pénible de ne pas le
dire, et très pernicieux de dire le contraire. Lorsque,
croyant n'user que de la franchise d'une charité frater-
nelle, nous ne cachons pas notre désapprobation des
propos ou des écrits de ceux qui sont dans l'Église, et
qu'on attribue notre attitude, non pas à un sentiment
de bienveillance, mais à un sentiment d'envieuse hostilité,
ah ! quel péché l'on commet à notre égard ! Et, pareillement, quand les autres critiquent notre manière de voir,
et que nous leur prêtons l'intention de nous offenser plutôt
que celle de nous remettre dans la droite voie, quel péché
nous commettons envers eux ! C'est de là que naissent les
inimitiés, même entre amis intimes qui s'aimaient tendre-
ment : oublieux du précepte apostolique, ils s'enflent
l'un contre l'autre, ils se mordent, se dévorent réciproquement et risquent fort de se perdre ainsi l'un l'autre !
« Qui donc me donnera des ailes, comme à la colombe,
que je m'envole vers un lieu de repos ! » (*Ps.* 54, 7).

Est-ce parce que les dangers présents nous paraissent
plus redoutables que ceux que nous n'avons pas expéri-
mentés ? ou bien en est-il réellement ainsi ? Mais il me
semble que les abattements et les orages du désert sont
moins pénibles que ceux que nous subissons ou que nous
redoutons dans le tumulte du monde.

(*Lettre* 95, 3-4. Trad. de Labriolle.)
Choix d'écrits spirituels de St. Augustin (Éd. Gabalda).

Consécration de saint Augustin (XVe s.)
(Musée de Barcelone).

Souffrir par l'Église

Souvent même la divine Providence permet que, par suite de graves violences partisanes de la part d'hommes charnels, même des justes soient chassés de la communauté chrétienne. Si les victimes de cet affront injuste le supportent en toute patience pour la paix de l'Église, sans fomenter de mouvements soit schismatiques, soit hérétiques, elles donneront à tous l'exemple de la droiture de sentiment et de la pure charité qu'il faut apporter au service de Dieu. L'intention de ces hommes-là est donc de rentrer au port, une fois les bourrasques apaisées ; ou bien, s'ils ne le peuvent, soit que la tempête se prolonge, soit qu'ils craignent par leur retour d'en susciter une semblable ou plus furieuse, ils gardent la volonté de pourvoir au salut de ceux-là mêmes dont les menées séditieuses les ont obligés à partir, sans jamais s'isoler ni former de coteries, défendant jusqu'à la mort et servant par leur témoignage la foi qu'ils savent que prêche l'Église catholique. Leur couronne, ils la reçoivent dans le secret, du Père qui voit dans le secret. Le cas est rare, mais pas pourtant sans exemple. Il est même plus fréquent qu'on pourrait croire.

(*De vera religione*, 6, (11). Trad. Pegon.)
Bibliothèque augustinienne (Desclée de Brouwer).

L'appel au bras séculier
(la théorie)

Il vaut mieux, sans aucun doute, porter les hommes à l'amour de Dieu par l'instruction, que de les y contraindre par la crainte et la douleur des châtiments. Mais parce qu'il y a des hommes que la douceur et l'instruction rendent meilleurs, il ne s'ensuit pas qu'on doive abandonner à eux-mêmes ceux qui ne leur ressemblent pas. L'expérience nous a prouvé et nous prouve encore tous les jours, que l'emploi de la crainte et de la douleur a été profitable à plusieurs qui en sont devenus ensuite plus disposés à s'instruire et à mettre en pratique ce qu'ils avaient appris. On objecte cette maxime d'un auteur profane : *Il vaut mieux, je crois, retenir les enfants par la honte et la bonté que par la crainte* (Térence). Cela est vrai, mais s'il s'en trouve que la bonté rend meilleurs, il en est un plus grand nombre que la crainte seule peut corriger. En effet, comme réponse à l'objection qui nous est faite, ne lit-on pas dans le même auteur : « *Pour vous, si vous n'êtes forcé par le châtiment, vous ne faites jamais rien de bien.* » C'est pourquoi, si à l'occasion de ceux qui deviennent meilleurs par l'emploi de la bonté, la Sainte Écriture dit : « *La crainte ne subsiste pas avec la charité, et la charité parfaite chasse la crainte* » (I *Jn*, IV, 18), elle dit, d'un autre côté, à l'occasion de ceux que la crainte seule peut corriger, et qui forment toujours le plus grand nombre : « *Ce n'est pas avec des paroles qu'on peut corriger le mauvais serviteur. Quand bien-même il comprendrait ce qu'on lui dit, il n'obéirait pas* » (*Prov.*, XXIX, 19). En disant que les paroles ne le corrigeront pas, l'Écriture ne nous prescrit pas pour cela de l'abandonner, mais elle nous enseigne indirectement comment on peut y parvenir, autrement elle ne dirait pas : *Les paroles ne le corrigeront pas*, mais seulement, il ne se corrigera pas. Elle nous apprend, dans un autre endroit, que, non seulement le mauvais serviteur, mais encore le fils insubordonné doit, avec grand profit, pour lui, être redressé par les coups. *Vous le frappez de la verge*, dit-elle, *mais vous sauvez son âme de la mort* (*Prov.*, XXIII,

14). Et ailleurs : *Épargnez les verges, c'est haïr son fils* (*Prov.* XIII, 15). Donnez-moi quelqu'un qui avec foi, intelligence et de toutes les forces de son âme dise : *Mon âme a soif du Dieu vivant, quand irai-je et apparaitrai-je devant la face du Seigneur?* (*Ps.* 41,3). Pour un tel homme, il n'est pas besoin ni de peines temporelles, ni de lois impériales, ni de craintes des enfers, puisque le bien qu'il désire le plus est d'être uni à Dieu, et que la privation de ce bonheur suprême et même le seul retard d'en jouir, est le plus grand supplice qu'il redoute. Mais cependant, avant de devenir bon fils et de dire : *Nous désirons être délivrés des liens du corps, pour être avec le Christ* (*Phil.* I, 23), beaucoup comme de mauvais serviteurs, et comme des esclaves fugitifs, ont besoin d'être appelés à leur Seigneur par la verge des peines temporelles...

Pourquoi donc l'Église ne forcerait-elle pas ses enfants perdus à revenir à elle, puisque ces enfants perdus emploient eux-mêmes la force pour faire périr les autres ?...

Cependant, avant la promulgation en Afrique de ces lois qui obligeaient chacun à prendre part au festin divin, quelques-uns de nos frères, — au nombre desquels j'étais — pensaient que, malgré la rage des Donatistes qui sévissait partout, il n'était pas nécessaire de demander aux empereurs la suppression complète de l'hérésie par des peines édictées contre ses fauteurs. Nous estimions qu'il était préférable de prendre des mesures pour préserver de leurs fureurs et de leurs violences ceux qui enseignaient la vérité catholique par des discours ou des lectures... C'est-à-dire que sur la plainte des fidèles qui auraient été victimes de leurs excès, les magistrats auraient fait payer l'amende (prescrite par l'Empereur Théodose) aux évêques et aux ministres de la communion donatiste. Nous croyions que les hérétiques étant ainsi effrayés et n'osant plus se livrer à leurs cruautés habituelles, on pourrait alors enseigner et pratiquer librement la religion catholique. Personne n'y aurait été forcé, mais chacun aurait pu, selon sa volonté, l'embrasser et la suivre sans crainte, ce qui nous eût débarrassé des simulateurs et des faux catholiques. Nous avions contre notre manière de voir plusieurs de nos frères plus âgés. Cependant nous obtînmes qu'on se bornerait à demander aux Empereurs ce que j'ai dit. Cela fut arrêté dans notre Concile, et on envoya des députés à la Cour.

Mais la miséricorde de Dieu... a voulu que cette démarche restât sans effet. Nous avions déjà été devancés près de l'Empereur par les plaintes des évêques qui avaient souffert beaucoup de maux de la part des Donatistes et qui avaient été chassés de leurs sièges... Une loi avait déjà été promulguée pour arrêter et même supprimer entièrement la barbare et violente hérésie des Donatistes, pour lesquels toute indulgence paraissait plus cruelle que leur cruauté même...

Lettre 185, Traduction (Peronne-Écalle-Vincent) Barreau).

L'appel au bras séculier
(la pratique)

Au Commissaire impérial Marcellinus, chargé de la répression des Donatistes :

J'ai appris que ces circoncellions et ces clercs du parti donatiste que l'autorité publique avait transférés de la juridiction d'Hippone à votre tribunal avaient été entendus par Votre Noblesse ; et que la plupart d'entre eux avaient avoué l'homicide qu'ils ont commis sur le prêtre catholique Restitutus et les blessures faites à Innocentius, prêtre catholique, à qui ils ont crevé un œil et coupé un doigt. Cette affaire me cause la plus vive inquiétude, car je crains que votre Excellence ne veuille les punir avec toute la rigueur des lois en leur faisant souffrir ce qu'ils ont fait souffrir à d'autres.

Aussi j'invoque par cette lettre la foi que vous avez en Jésus-Christ ; et, au nom de sa divine miséricorde, je vous conjure de ne point faire cela, et de ne pas permettre qu'on le fasse. En effet, quoique nous puissions paraître étrangers à la mort de ces hommes, qui sont soumis à votre jugement — non sur notre accusation, mais sur l'avis de ceux auxquels est confié le soin de la paix publique —, nous ne voulons pas que les souffrances des serviteurs de Dieu soient vengées, d'après la loi du talion, par des supplices semblables. Non que nous songions à empêcher qu'on ôte aux hommes coupables le moyen de mal faire. Mais nous souhaitons que ces hommes, sans perdre la vie et sans être mutilés en aucune partie de leur corps, soient par la surveillance des lois ramenés d'un égare-

Saint Augustin, par Giustino Menescardi (Venise).

ment furieux au calme du bon sens, ou détournés d'une énergie malfaisante pour être employés à quelque travail utile. Cela même est encore, il est vrai, une condamnation ; mais peut-on ne pas y trouver un bienfait plutôt qu'un supplice, puisqu'en ne laissant plus de place à l'audace du crime, elle permet le remède du repentir ?

Juge chrétien, remplissez le devoir d'un tendre père ; dans votre colère contre le crime, souvenez-vous cependant de tenir compte du sentiment d'humanité ; et en punissant les attentats des pécheurs, n'exercez pas vousmême la passion de la vengeance. Appliquez plutôt votre volonté à soigner et à guérir les blessures des pécheurs. Ne renoncez pas à ce zèle paternel que vous avez déployé pour obtenir l'aveu de si grands crimes : vous n'avez employé ni les chevalets ni les ongles de fer, ni les flammes, mais seulement les verges, mode de correction auquel ont recours les maîtres qui enseignent les arts libéraux, les parents eux-mêmes, et souvent aussi les évêques dans leurs jugements. Ne punissez pas trop cruellement ce que par des procédés de cette modération, vous avez su découvrir, car il est bien plus important et nécessaire de rechercher que de punir les crimes.

Enfin n'oubliez pas que votre mission a pour but les intérêts de l'Église. Or j'affirme que ma requête est utile à l'Église catholique ; ou, pour ne pas dépasser les limites de mes attributions, qu'elle sera avantageuse à l'Église du diocèse d'Hippone. Si vous n'écoutez pas l'ami qui vous sollicite, écoutez l'évêque qui vous conseille. Parlant à un chrétien, je pourrais presque dire, dans une affaire de cette nature, que vous ne devez pas mépriser l'évêque qui ordonne, ô mon illustre Seigneur, qui êtes aussi entre tous mon fils de prédilection. Ne jetez point, par une réciprocité de peines infligées à leurs ennemis, un mauvais jour sur les épreuves et les souffrances de deux catholiques, serviteurs de Dieu, qui doivent servir à l'édification des faibles. Adoucissez la rigueur de vos jugements et n'oubliez pas, en tant qu'enfant de l'Église, de mettre en relief votre foi et la mansuétude de votre mère.

Que le Dieu tout-puissant vous comble de toutes sortes de biens, Seigneur éminent et d'un mérite insigne, qui êtes aussi mon très cher fils !

(*Lettre* 133, Trad. de Labriolle.)
Choix d'écrits spirituels de St. Augustin (Gabalda).

Saint Augustin inspiré, par Murillo (Cadix).

Trois vers

Saint Augustin nous a conservé, en les reproduisant dans sa Cité de Dieu (XV, 22), *trois vers d'un poème qu'il avait* composé à la Louange du Cierge *(pascal : sans doute une pièce analogue à l'*Exultet *de la liturgie romaine, écrit, on ne sait par qui — saint Ambroise ? — vers l'époque même où vivait notre Saint), trois beaux vers d'une densité qui oblige le traducteur à paraphraser et où se condensent tout l'optimisme anti-manichéen, toute la sévérité anti-pélagienne :*

HAEC TUA SUNT ; BONA SUNT QUIA TU BONUS ISTA CREASTI.
NIL NOSTRUM EST IN EIS, NISI QUOD PECCAMUS AMANTES,
ORDINE NEGLECTO, PRO TE, QUOD CONDITUR ABS TE.

Toutes ces choses sont à Toi et elles sont bonnes parce qu'elles ont été créées par Toi qui es Bon. Il n'y a rien en elles qui vienne de nous, sinon le péché par lequel, au mépris de l'ordre, nous aimons, au lieu de Toi, ce qui vient de Toi.

*Il serait facile de les commenter par bien d'autres passages
de son œuvre, des* Confessions, *par exemple. Ainsi, pour le
le v.1, quand il parle du lait de ses nourrices :*

Elles voulaient, en vertu d'un sentiment réglé, me donner
ce qui abondait de toi en elles, trouvant leur propre bien
au bien qui me venait d'elles. D'elles ? Non pas précisément, mais par elles, car tous les biens, ô Dieu, ils viennent
de toi ; toute santé me vient de mon Dieu, comme plus tard
je l'ai reconnu, toi-même me le proclamant, au-dedans et
au-dehors, par tes dons.

*Au v.2, dont le pessimisme peut à bon droit paraître exces-
sif, on opposera l'interprétation plus positive :*

Qu'y a-t-il, dans un tel être doué d'une âme, qui ne
mérite admiration et louange ? Mais ces pouvoirs, ce n'est
pas moi qui me les suis donnés : ils sont tous dons de mon
Dieu. Or ils sont bons et à eux tous ils constituent mon être.

*La doctrine du v.3 sur l'ordre de l'amour revient très sou-
vent ; ainsi :*

A cause de tous ces biens et d'autres du même genre,
nous acceptons de pécher, lorsque, immodérément
inclinés vers eux, qui sont du dernier ordre, nous déser-
tons les biens meilleurs, les biens suprêmes, à savoir toi,
Seigneur, notre Dieu, et ta vérité et ta loi. Ils ont aussi,
ces biens infimes, leurs délectations, mais non pas comme
mon Dieu qui les a tous faits...

(*Cité de Dieu*, II, 29. Trad. de Labriolle.
Éd. Garnier.)

Et jusqu'aux péchés même...

Paul Claudel a inscrit en tête du Soulier de Satin *l'épigraphe : « Etiam peccata. — Saint Augustin ». L'idée est
bien en effet de celui-ci, qui l'a exprimée bien des fois. Ainsi :*

Dans la création, il n'est pas jusqu'à ce qu'on appelle le
mal qui ne soit bien ordonné et mis à sa place de manière
à mieux faire valoir le bien, qui plaît davantage et devient
plus digne d'éloges quand on le compare au mal. En effet
le Dieu tout-puissant, auquel, ainsi que le reconnaissent
même les infidèles, *appartient le souverain domaine de toutes
choses* (*Énéide*, X, 100), puisqu'il est souverainement bon,
ne laisserait jamais un mal quelconque exister dans ses

œuvres s'il n'était assez puissant et bon pour faire sortir le bien du mal lui-même.

(Enchiridion, 3 (11). Trad. Rivière.)
Bibliothèque augustinienne (Desclée de Brouwer).

C'est pour de tels prédestinés qui aiment Dieu qu'il fait que toutes choses tournent en bien, et tellement, toutes choses, que si quelques-uns d'entre eux se dérèglent, il fait que leur dérèglement même leur tourne en bien parce qu'ils en retournent plus humbles et plus savants. Car ils apprennent à se réjouir avec tremblement dans la voie de la Justice, ne s'assurant point de demeurer dans la voie par leur propre force et *ne disant pas dans leur abondance : Nous ne serons jamais ébranlés (Ps. 29,7).* C'est pourquoi le Prophète leur dit : *Servez le Seigneur avec crainte et réjouissez-vous en lui avec tremblement, de peur que le Seigneur ne s'irrite et que vous ne perdiez la voie de la Justice (Ps. 2,11).*

(De correptione et gratia, 9 (24). Trad. A. Arnauld.)

Quant aux mots mêmes qu'a retenus Claudel pour résumer cette pensée, ils se rencontrent aussi, à la vérité, sous la plume de saint Augustin, mais, chose piquante, exprimant une objection qu'il se voit opposer, et qu'il repousse :

On m'objecte : Si notre misère elle-même achève la perfection de l'univers, il aurait manqué quelque chose à cette perfection si nous avions été toujours heureux. Par conséquent, si l'âme ne tombe dans la misère qu'en péchant, nos péchés eux-mêmes *(etiam peccata nostra)* sont nécessaires à la perfection de l'univers comme Dieu l'a fait...

Voici ma réponse : Ce ne sont pas les pécheurs eux-mêmes, ni la misère elle-même qui sont nécessaires à la perfection de l'univers, mais les âmes comme âmes...

(De libero arbitrio, III, 9 (26). Trad. Thonnard.)
Bibliothèque augustinienne (Desclée de Brouwer).

Mais Claudel n'est pas le premier à avoir utilisé de la sorte ces mots arrachés à leur contexte : il n'a fait que suivre une tradition médiévale, attestée au moins depuis le début du XIIe siècle (Honorius Augustodunensis, Elucidarium, II,29).

La légende de l'Ange : Foi et Raison

*Un épisode légendaire a été reproduit avec prédilection
par les peintres de la Renaissance, — au point de devenir
le plus caractéristique de l'iconographie de saint Augustin :
celui-ci se promène sur le bord de la mer et rencontre un enfant
occupé à transvaser, avec un coquillage, l'eau de l'océan dans
un petit trou creusé dans le sable. A saint Augustin qui
s'étonne de cette vaine entreprise, l'enfant, — qui se révèle
être un ange, répond : « Il me serait plus facile de faire entrer
la mer dans ce trou que pour toi d'expliquer la plus petite
partie du mystère de la Trinité. »*

*Ce n'est là bien entendu qu'une légende, dont on suit la
fortune du XIIIe au XVe siècle: on l'a racontée d'abord en
l'attribuant à un « scholasticus » anonyme (l'eau qu'il s'agit
d'épuiser est alors celle de la Seine), à saint Augustin, à
Lanfranc (mort en 1089, le maître de saint Anselme), puis
à Alain de Lille (mort en 1203).*

*Légende, dans notre cas, particulièrement mal venue :
elle implique un contresens total sur l'esprit qui animait
la recherche théologique de saint Augustin et en particulier
son de Trinitate. A un correspondant qui, l'interrogeant
précisément sur ce mystère, avait paru suspecter ou mécon-
naître l'effort rationnel d'élaboration, notre docteur réplique :*

Tu m'écris qu'il faut saisir la Vérité par la foi plutôt
que par la raison. D'après ce que tu dis, tu devrais préférer,
et surtout à propos de la Trinité, question de foi par excellence, te contenter de suivre l'autorité des saints au lieu
de m'en demander, à moi, de t'en donner, à force de raisons, l'intelligence. Quand je m'efforcerai de t'introduire
dans l'intelligence de ce grand mystère, — ce que je ne
pourrai réussir qu'avec l'aide de Dieu —, que ferai-je
sinon t'en rendre raison, dans la mesure du possible ?
Si donc tu te crois bien fondé de recourir à moi, ou à tout
autre maître, pour comprendre ce que tu crois, corrige
ta formule : il ne s'agit pas de rejeter la foi, mais de chercher à saisir par la lumière de la raison ce que tu possèdes
déjà fermement par la foi.

Que Dieu nous garde de penser qu'il haïsse en nous
ce en quoi il nous a créés supérieurs aux autres animaux !
A Dieu ne plaise que la foi nous empêche de recevoir ou

Saint Augustin et l'Ange, par Rubens.
(Église Saint-Thomas, Prague).

de demander la raison de ce que nous croyons ! Nous ne pourrions pas même croire si nous n'avions pas des âmes raisonnables. Dans les choses qui appartiennent à la doctrine du salut et que nous ne pouvons pas comprendre encore, mais que nous comprendrons un jour, il faut que la foi précède la raison : elle purifie ainsi le cœur et le rend capable de recevoir et de supporter la lumière de la grande raison. Aussi est-ce la raison même qui parle par la bouche du Prophète quand il dit : Si vous ne croyez pas, vous ne comprendrez pas (*Isaïe*, VII, 9) ! Par où il distingue les deux choses, nous conseillant de commencer par croire, afin de pouvoir comprendre ce que nous croirons. Ainsi c'est la raison qui veut que la foi la précède (si ce que dit le Prophète n'était pas selon la raison, il serait contre, ce que Dieu nous garde de penser !) Si donc il est raisonnable que la foi précède la raison pour accéder à certaines grandes vérités, il n'est pas douteux que la raison même qui nous le persuade précède elle-même la foi : ainsi il y a toujours quelque raison qui marche devant.

(*Lettre* 120,1 (2-3).
D'après les trad. Du Bois et Poujoulat.)

*Stèle chrétienne
du IVᵉ siècle
(Hippone).*

L'Augustinisme

*Le Système du Monde entre saint Augustin (à g.) et saint Thomas (à dr.),
par Pietro di Puccio d'Orvieto (Camposanto de Pise).*

SEIZE SIÈCLES nous séparent de saint Augustin. Nous séparent ? Disons mieux, nous unissent à lui, car cette longue période n'est pas comme un trou vide : elle est tout entière pénétrée de la présence d'Augustin, de sa gloire, de son influence, pour ne rien dire des âpres débats qu'a fait naître l'interprétation des nuances délicates de sa pensée. Si son nom s'impose avec tant d'insistance à notre attention, c'est, autant que par son être propre, pour tout ce qu'au cours de ces seize siècles la tradition de la culture occidentale a placé sous son invocation.

LA FIN DE L'ANTIQUITÉ

On a vu quel avait été, dès son vivant, le rayonnement de l'évêque d'Hippone, de son œuvre et de sa pensée : ses moindres productions s'arrachaient ; il arrivait même, avec la connivence de clercs de son entourage, que le public obtînt communication de certains de ses textes avant même qu'il ait jugé opportun de les « éditer » (c'est-à-dire de les mettre en circulation) [1] ; l'indiscrétion du messager aidant, telle de ses lettres était interceptée en cours de route, copiée et répandue par des curieux ou des amateurs : saint Jérôme apprit un jour de la sorte le bruit que faisait en Italie une lettre, assez fraîche de ton, que saint Augustin lui avait expédiée mais qui ne lui était pas parvenue [2] ! Une constellation d'amis et de disciples enthousiastes s'emploie activement à diffuser son influence ; certains, et ce ne sont pas les moins actifs, ne le connaissent qu'à travers ses livres et se sont épris de lui sans l'avoir jamais rencontré ; tel, on l'a vu, saint Paulin

---

1. Les notes et références concernant cette partie se trouvent p. 180.

de Nole en Campanie, tel ce Prosper d'Aquitaine qui fait son apparition à Marseille vers 427-428, — il se fixera plus tard à Rome où il deviendra le secrétaire du pape saint Léon, — et qui se dépensera sans compter dans la querelle pélagienne, avec toute l'ingénieuse et inlassable activité d'un « press-agent ».

Pour tous ceux-là, Augustin est le Maître [3], passionnément admiré, écouté, suivi, à qui on ne parle qu'en termes enflammés : *O vere artificiosa apis Dei...* « O abeille de Dieu, véritablement habile à faire un miel plein du nectar divin et d'où s'écoulent la miséricorde et la vérité... Le Seigneur est béni par votre bouche et par votre fidèle ministère. Vous vous faites si bien l'écho de ce que le Seigneur vous chante et vous y répondez si bien que tout ce qui part de sa plénitude pour venir jusqu'à nous reçoit plus d'agrément en passant par votre beau langage, votre netteté rapide, votre fidèle, chaste et simple ministère [4]... »

Mais saint Augustin n'avait pas que des amis : à mesure que, sous le tir de harcèlement de Julien d'Éclane, il est amené, en la précisant, à durcir sa position dans les difficiles problèmes de la prédestination et de la grâce, il suscite, dans une partie du public, une opposition de plus en plus résolue. Elle se fait jour notamment en Provence, — là même où s'exerce le zèle parfois indiscret de Prosper, — dans les milieux monastiques de Lérins et de Marseille, où règne, souveraine, l'influence de Jean Cassien, venu au soir de sa vie apporter aux moines d'Occident la sagesse qu'il avait apprise auprès des grands spirituels de Palestine, d'Égypte, de Constantinople. Technicien de l'interview, Cassien rédige au lendemain de la parution du traité augustinien *De correptione et gratia* sa « XIIIᵉ Conférence avec les Pères du Désert » où, — tel Jean Guitton prolongeant hardiment ses Dialogues avec M. Pouget, — il place ses idées sur la question dans la bouche de l'abbé Germanos de Panephysis qu'il avait visité, dans le Delta du Nil, quelque quarante ans auparavant !

Cette réplique, elle aussi, ne va pas sans quelque passion et outrance polémique : quand Augustin meurt en 430, on est en pleine bagarre ; comme on devine, les Augustiniens ne se tiennent pas pour battus, Prosper en tête, qui en vers comme en prose ferraille contre le « Conférencier », contre les In-grats (entendez les néga-

teurs de la grâce, mais qui sont ingrats envers Dieu, —
mot plein de sel et propre à ravir les lettrés de l'époque).
Comme il arrive toujours en pareil cas, chacun s'ingénie
à accoucher l'adversaire de l'hérésie implicite qu'il porte
dans son sein. Il suffisait d'outrer quelque peu les plus
raides formules augustiniennes pour définir l'horrible
et impudente erreur des « prédestinatianistes », qui pensent
que Dieu rejette des gens qui n'ont fait que le bien et les
force au mal pour les envoyer en enfer pendant l'éternité [5] ! Il était plus facile encore de déceler dans la pensée
de Cassien, le germe inquiétant d'un retour possible au
pire pélagianisme : si l'homme seul, par les propres forces
de son libre arbitre, a l'initiative et le mérite du premier
mouvement, *initium fidei*, qui le porte vers Dieu, comme la
grâce ne peut manquer de suivre, c'est attribuer en
dernière analyse le salut à nous-mêmes et non à Dieu ;
ce point précis constituera l'hérésie appelée chez les modernes « semi-pélagianisme », d'un terme assez malheureux,
car cette position n'a pas de lien originel avec Pélage :
elle est sortie d'une réaction spontanée contre les outrances de l'augustinisme et sa racine doit être cherchée
dans l'enseignement le plus traditionnel des Pères Grecs

Sarcophage de saint Cassien (Ve s.) (Musée Borely, Marseille).

que Cassien transposait, de façon quelquefois maladroite,
dans une problématique occidentale pour laquelle il
n'avait pas été prévu.

Inscription du pape Célestin I. Mosaïque du V s. (Église Sainte-Sabine, Rome).*

La querelle donna au pape Célestin l'occasion de prononcer solennellement un éloge d'Augustin, moins de neuf mois après sa mort, — le premier d'une longue série d'hommages, échelonnés au cours des siècles : « La vie et les mérites d'Augustin de sainte mémoire l'ont toujours maintenu dans notre communion, sans que jamais il n'ait été effleuré du moindre soupçon fâcheux ; nous nous souvenons de lui comme d'un homme de si grand savoir qu'il a toujours été compté par mes prédécesseurs au nombre des plus grands maîtres, » *inter magistros optimos* [6].

Cette intervention ne devait pas suffire à mettre un terme à la controverse qui, avec des moments alternés de rémission et de virulence, s'est prolongée pendant tout un siècle : elle ne trouva son dénouement qu'en 529 au IIe Concile d'Orange où, grâce aux efforts de saint Césaire d'Arles, le « semi-pélagianisme » fut définitivement condamné. La position alors arrêtée, — celle que l'orthodoxie catholique n'a pas cessé de tenir, — a été définie comme un « augustinisme modéré » : on signifie par là qu'elle s'établit notablement en retrait par rapport aux conclusions à la fois logiques et implacables où saint Augustin lui-même avait fini par se laisser entraîner : ce n'est donc pas en vain (si maladroits qu'aient pu être à leur tour leurs efforts) qu'avaient tant combattu les partisans d'un sens plus authentique de la bonté de Dieu et de Sa volonté de sauver tous les hommes.

Abbaye de Lérins : Chapelle de la Trinité (VIᵉ s.).

Aussi bien on se ferait une idée fausse de ces bons Lériniens et Marseillais en les imaginant comme des adversaires déterminés de tout saint Augustin : ils savaient voir en lui autre chose que la théorie de la prédestination et appréciaient à sa valeur l'ensemble de son œuvre [7]. Ce serait aussi une grave erreur (et la remarque faite ici pour cette première époque de l'Augustinisme vaudra pour celles qui suivront) de limiter l'influence augustinienne au seul domaine technique de la théologie de la grâce et de la justification. L'histoire la retrouve, toujours présente, dans les domaines les plus divers de la pensée, de la culture et de la vie religieuses. On imagine difficilement, avant de l'avoir constaté, combien l'exemple et l'enseignement de saint Augustin ont modelé la tradition latine : à plus juste titre encore que Virgile, il mérite le titre de « Père de l'Occident ».

Les Orientaux ne s'y trompent pas : que de fois, discutant avec eux, Grecs orthodoxes ou Russes, nous les entendons nous objecter : « *Votre* Augustin... » Et de fait chaque fois qu'on s'attache à suivre quelque filon doctrinal (qu'il s'agisse de philosophie, de théologie, de spiritualité) on rencontre presque toujours, à un moment décisif, l'intervention originale d'Augustin : il joue, dans

153

Boucle de ceinture (ivoire) de Saint Césaire,
archevêque d'Arles (502-542)
(Trésor de l'Église de la Major, Arles).

notre Occident, le rôle qui, en Orient, revient le plus souvent au grand Origène ; nul, si ce n'est l'un ou l'autre, n'a mis plus d'idées en circulation.

La valeur intrinsèque de l'œuvre augustinienne ne suffit pas à expliquer cette étonnante fortune : il faut aussi tenir compte de la situation en quelque sorte paradoxale qu'elle s'est trouvée occuper dans l'histoire. La comparaison avec Origène, traditionnelle depuis Isidore de Séville, est en effet trompeuse car le développement des deux grandes traditions patristiques, grecque et latine, n'est pas parallèle. Le Christianisme, ne l'oublions pas, est né en Orient ; il est longtemps resté à dominante hellénique. En face du développement précoce et bientôt si complexe de la pensée grecque chrétienne, que l'Occident est lent à prendre conscience de lui-même, à s'affirmer adulte !

Certes, très tôt on voit s'esquisser en pays latin une autre manière de penser, de sentir, de vivre la foi chrétienne ; les personnalités originales ne manquent pas, de Tertullien à Marius Victorinus (le précurseur d'Augustin en matière trinitaire), mais il faut attendre l'évêque d'Hippone pour trouver une théologie occidentale vraiment complète, devenue autonome, ayant pris forme. Et c'est en lui qu'elle se résume : si important que soit l'apport personnel de tel ou tel, les autres noms pâlissent à côté du sien. Comme l'a bien souligné, dans la première moitié du VIe siècle, la légende de cette fresque du Latran qui est la plus ancienne représentation de notre saint : *Diversi diversa Patres, sed hic omnia dixit Romano eloquio, mystica sensa tonans !* « Les divers Pères ont expliqué diverses choses, mais lui seul a tout dit en latin, expliquant les mystères dans le tonnerre de sa grande voix ».

Inscription de la fresque de saint Augustin au Latran.

Sans doute la tradition ecclésiastique n'a jamais consenti à se résumer en lui ; elle a, par exemple, progressivement dégagé, de la série des Pères, le groupe des quatre *majores doctores* où saint Augustin est associé à ses deux grands contemporains, Ambroise et Jérôme, et à son héritier le pape saint Grégoire le Grand (590-604) ; mais il est remarquable qu'un des plus anciens documents où s'esquisse cette sélection donne à saint Augustin la place d'honneur.

Miniature à l'intérieur du diptyque de Boèce, partie dr. (Brescia, Musée chrétien, VIIe s.).

Ce n'est pas tout : on pourrait dire, en schématisant à l'extrême, qu'il est à la fois le premier et le dernier des grands docteurs de l'antiquité latine. En Orient, en effet, la tradition patristique va se prolonger sans solution de continuité à travers toute l'époque byzantine, pendant un millénaire, encore ; la destruction de l'Empire sous le coup des invasions germaniques précipite au contraire l'Occident dans les ténèbres d'une barbarie d'où la nouvelle Europe, celle du moyen âge, n'émergera que lentement.

Sitôt Augustin mort, la décadence se précipite ; comment s'étonner dès lors de ne plus rencontrer après lui de personnalité de premier plan (Grégoire le Grand seul excepté) ? Mais ce fait même explique l'intensité de son influence : aussi longtemps que se maintient en Occident quelque chose de la tradition antique, cette pensée gravite dans l'orbite augustinienne.

C'est vrai, on s'y attend, de l'Afrique où le catholicisme mène un dur combat défensif contre l'arianisme de ses nouveaux maîtres Vandales : la figure la plus notable de l'époque, Fulgence de Ruspe, a reçu le surnom bien caractéristique d'*Augustinus abbreviatus* : une sous-mouture d'Augustin. Mais ce n'est pas moins vrai de l'Espagne : Isidore de Séville, le premier, placera saint Augustin au-dessus de tous les Pères, qu'ils soient Grecs ou Latins[8]. Ou de la Gaule : toute l'œuvre, théologique et pastorale, de saint Césaire d'Arles s'offre à nous comme un reflet, une adaptation, de celle d'Augustin. Ou de l'Italie : à une première lecture, l'œuvre, pourtant si profondément originale, de saint Grégoire le Grand (le moyen âge saura voir en lui le maître de la théologie mystique) donnera la même impression d'augustinisme élémentaire et vulgarisé ; saint Grégoire lui-même, renvoyant un de ses correspondants d'Afrique à la lecture de saint Augustin, écrit : « Garde-toi de préférer notre son à ce pur froment [9] ».

Mais achevons de parcourir l'Occident : la latinité s'étendait alors, à travers tous les pays danubiens, jusqu'aux rives de la Mer Noire ; sous le règne de l'empereur Justin, on vit intervenir dans les querelles théologiques de la capitale byzantine un groupe de moines « scythes », — c'étaient des Roumains de Dobrogea — : ils étaient bien dépaysés à Constantinople ; en purs Latins, ils tenaient leur formation théologique de notre saint Augustin (518-520).

Théologique et doctrinale, l'influence augustinienne s'étend aussi sur le plan de la spiritualité ; soulignons son rôle dans le développement du monachisme occidental. Il semble qu'on puisse expliquer son évolution si complexe, pendant les siècles obscurs, par l'interférence de deux courants, l'un venu d'Égypte, des Pères du Désert (dont Cassien a été le plus grand mais non le seul interprète), l'autre d'Afrique : c'est le courant augustinien dont l'inspiration s'est notamment exprimée par le texte fameux de la *Règle* dite de saint Augustin, qui (nous touchons là à une question très disputée) ne semble pas être toute entière de la main même du grand évêque, mais est certainement sortie de son milieu et exprime l'idéal qu'il a lui même essayé de pratiquer.

Le plus ancien manuscrit contenant la Regula.
(Bibl. Nat.).

LE PREMIER MOYEN AGE

Lorsque à partir des prodromes de la Renaissance caro-
lingienne l'Occident se reprend à penser et, avec les matériaux assez limités sauvés du grand désastre, s'efforce
d'élaborer à nouveau une culture d'inspiration chrétienne,
c'est tout naturellement que saint Augustin redevient
son conseiller, son inspirateur ; plus que jamais il est le
Maître incontesté, celui qu'on place si haut qu'il vient
immédiatement après les Apôtres, *post Apostolos omnium
ecclesiarum magister*[10]. Tout, ou presque, vient de lui :
le fait est si évident que l'historien se préoccupe surtout
de préciser, en la limitant, cette constatation : il se croit
tenu de rappeler qu'à côté d'Augustin (et bien entendu
des autres classiques ou Pères latins), le haut moyen âge
reçoit quelque inspiration de sources grecques, — notamment par Boèce, le seul Occidental depuis le Haut-

Empire à avoir reçu une formation hellénique (il a fait ses études à l'école d'Alexandrie) et par le Pseudo-Denys l'Aréopagite, accueilli chez nous pour avoir été confondu avec le martyr saint Denis : notre Bibliothèque Nationale conserve encore l'exemplaire du Ps. Denys offert à Louis le Pieux en 827 par l'empereur Michel le Bègue ; livre de luxe, splendidement relié en ivoire, — mais écrit sans soin ; les Byzantins estimant sans doute que de toute façon les Francs étaient bien trop barbares pour rien comprendre de ce texte entre tous ésotérique !

Saint Augustin n'était pas non plus toujours bien facile à assimiler : ce qu'illustre le dramatique épisode de Gottschalk. Il était le fils d'un de ces comtes saxons convertis par Charlemagne, — avec le type d'arguments que l'on sait ; moine dès son enfance, d'abord contre son gré, puis de bon cœur, à Fulda puis à Orbais (près de Soissons), âme ardente et tourmentée, Gottschalk défoula dans les querelles théologiques le tempérament combatif hérité de ses ancêtres. C'est bien le type de ces nouveaux lettrés qui redécouvrent les possibilités de l'esprit et boivent à longs traits le vin pur de la pensée. Gottschalk, comme tous, lut aussi saint Augustin ; le malheur est qu'il fut attiré non par les pages les plus faciles et les plus valables de son œuvre, — où, comme le soulignait finement Cassiodore, ce grand esprit sait se faire si simple qu'il devient accessible même à des enfants [11] —, mais, comme on s'y attend, par l'inextricable dossier anti-pélagien. Sur le problème le plus difficile de notre théologie, là où la plume experte du grand docteur en vient elle-même à vaciller, que pouvait excogiter notre Saxon ? On n'attend pas de lui mesure et sens des nuances : son esprit entier se saisit avec ravissement des plus contestables, des plus raides formules antithétiques où saint Augustin avait pu se laisser entraîner, et il se met à enseigner, heureux de la symétrie, insoucieux du blasphème, la théorie d'une double prédestination, également positive, celle des élus au bonheur, celle des réprouvés à l'enfer (oui : Dieu créant des hommes pour le plaisir de les damner). Cette fois on tenait un authentique prédestinatianiste ! Ce fut une grande affaire, — véritable préfiguration de ce que sera le Jansénisme, — qui passionna les cercles théologiques de l'Empire carolingien. Contré par le savant Raban Maur et le terrible Hincmar, Gottschalk fut dûment condamné et traité avec la rigueur de ces temps plus qu'à demi-barbares : il devait passer vingt ans enfermé dans la prison du monastère d'Hautvillers (près d'Épernay), sans cesser d'agiter l'opinion, tour à tour défendu par le génial, mais peu sûr, Jean Scot Erigène ou par les théologiens plus prudents de Lyon, mais toujours prisonnier et toujours intraitable : il mourra, obstiné, entre 866 et 870.

Heureusement il n'y eut pas que Gottschalk ! Il y eut aussi tout le moyen âge. Jusqu'au début du XIIIe siècle, l'influence augustinienne règne incontestée dans tous les domaines de la pensée : elle inspire, au temps d'Alcuin et de Charlemagne, les premiers théoriciens de la culture chrétienne, comme en plein XIIe siècle le magnifique humanisme, pénétré de platonisme, de l'École de Chartres. Bien ou mal comprise, la *Cité de Dieu* fournit leurs cadres de pensée aux constructeurs de la nouvelle formation politique et sociale de l'Europe, la Chrétienté, comme aux polémiques que fait naître le conflit toujours renaissant entre les deux glaives, les deux pouvoirs du Sacerdoce et de l'Empire (que les problèmes ont changé ! Ce n'est pas sans gauchissement que les solutions augustiniennes leur sont adaptées.)

Lorsque à partir du milieu du XIe siècle la curiosité théologique renaît et prend conscience de sa méthode dialectique, c'est encore à saint Augustin qu'on va demander les principes, et les matériaux avec lesquels construire cette science nouvelle. Il inspire d'ailleurs aussi bien ses premiers grands docteurs, de saint Anselme à Abélard, que leurs adversaires, de saint Pierre Damien à saint Bernard : car la scolastique qui va naître ne sera jamais tout le moyen âge, qui connaîtra toujours, dans les milieux proprement spirituels, une opposition vigilante à cette intrusion de la raison raisonnante dans le domaine de la foi, au développement d'une étude nourrie de curiosité : qui, mieux qu'Augustin, pouvait alimenter de telles réticences ?

Enfin si, entre saint Benoît d'Aniane et saint Bernard, le monachisme occidental a achevé de se rallier à la Règle bénédictine, le courant augustinien ne perd pas pour autant son autonomie et sa vitalité : parallèlement aux monastères bénédictins se développent les communautés de chanoines réguliers et ceux-ci, surtout à partir de la Réforme grégorienne qui mettra l'accent sur la pauvreté,

placent leur vie sous le patronage de la Règle, et de tout l'enseignement, de saint Augustin. Nombreuses sont les familles spirituelles qui mériteraient ici d'être rappelées : les Prémontrés, les chanoines de Saint-Ruf ; au XIIIᵉ siècle, saint Dominique, chanoine d'Osma, trouvera naturel de donner à son ordre des Frères Prêcheurs (qui sont d'une certaine manière aussi des chanoines) la même *Regula sancti Augustini*. Il faut au moins arrêter la pensée sur la grande école groupée autour de l'abbaye parisienne des chanoines de Saint-Victor, fondés en 1108 par Guillaume de Champeaux, le maître puis l'adversaire malheureux d'Abélard ; elle a compté quelques hommes, Hugues (un saxon), Richard (écossais), Adam (breton), qui sont parmi les plus grands de « ce grand XIIᵉ siècle » ; c'est peut-être l'école la plus directement, la plus intimement inspirée de l'augustinisme : mystique spéculative, ascèse orientée vers la contemplation, mais qui n'exclut ni l'humanisme ni la poésie.

La présence presque obsédante de l'augustinisme dans la culture de ce premier moyen âge entraîne des consé-

Saint Augustin donnant la Règle. Manuscrit du Grand Séminaire de Strasbourg, XIIᵉ siècle. (Photo F. Chatillon).

quences paradoxales : c'est tout naturellement à saint Augustin qu'un copiste en mal d'attribution affecte une œuvre anonyme qui lui paraît digne d'admiration : l'œuvre, déjà si vaste, de l'évêque d'Hippone se gonfle peu à peu d'un grand nombre d'apocryphes, qui contribuent à leur tour à imposer son nom à l'attention et au respect. Beaucoup de ces intrus connaîtront une longue popularité, comme ces *Méditations* d'une piété bien affective, qui sont en fait, pour l'essentiel (il s'y mêle un peu de saint Anselme), l'œuvre du bénédictin Jean de Fécamp (mort en 1078).

LA SCOLASTIQUE

Les choses changent lorsque à partir de la fin du XIIe siècle la culture occidentale s'enrichit brusquement d'un apport massif de matériaux nouveaux : de cet Aristote, dont le premier moyen âge n'avait connu que l'œuvre logique, c'est maintenant l'œuvre entière, métaphysique incluse, qui devient accessible en latin, traduite de l'arabe ou directement du grec, — l'œuvre entière, et même plus encore car (comme celle de saint Augustin) elle est reçue des scolastiques grossie d'apports étrangers : on lit sous le nom d'Aristote et du Plotin et du Proclus, et on reçoit en même temps qu'elle le flot tumultueux de ses commentateurs musulmans ou juifs, Avicenne, Averroès, — Avicebron.

On sait quelles furent les conséquences de cet épisode pour la culture médiévale : un rétrécissement du champ de l'humanisme (« l'exil des belles-lettres ») compensé par un approfondissement dans le domaine de la pensée pure ; c'est le triomphe de la scolastique, de la méthode dialectique mise au service de l'idéal spéculatif, de la recherche passionnée d'une vérité plus techniquement définie. Mais on voit immédiatement ce qui est résulté pour saint Augustin : il n'est plus dès lors le Maître en quelque sorte privilégié, celui de qui tout découle ; à côté de lui se dresse l'autorité, non moins vénérée, de celui qu'on appelle *le* Philosophe, en qui on voit l'incarnation de la raison humaine et, précisément parce qu'il avait été un païen, de la seule raison.

Non certes que l'autorité d'Augustin ait jamais été contestée. On le voit bien par saint Thomas d'Aquin dont la grande synthèse, fondée sur un aristotélisme systématique et en quelque sorte radical, n'incorpore pas moins des pans entiers d'augustinisme ; je ne parle pas de l'augustinisme purement nominal (c'est-à-dire de toutes les opinions traditionnelles d'Augustin que saint Thomas reprend à son compte, quitte à les interpréter dans sa propre perspective et à leur faire dire tout autre chose que ce que saint Augustin lui-même avait pensé), mais bien d'un augustinisme authentique, parfaitement bien compris, sinon toujours conscient (car il arrive assez souvent que là même où saint Thomas se veut plus purement aristotélicien l'héritage, si parfaitement assimilé, de la pensée augustinienne s'interpose comme un voile et entraîne gauchissement ou transposition). Synthèse chrétienne, la synthèse thomiste ne pouvait ni ignorer, ni dédaigner l'apport si fondamentalement positif de cette pensée patristique. On le verra bien lorsque éclateront au XVIe-XVIIe siècles les discussions sur la grâce ; tout naturellement ce seront les Dominicains, les thomistes, qui se porteront à la défense des positions traditionnelles héritées de saint Augustin.

Cependant on se ferait une idée bien appauvrie de la pensée chrétienne et spécialement de la scolastique, en la ramenant à un simple dialogue entre Aristote et saint Augustin dans la pensée de saint Thomas. Les choses sont bien plus complexes : on sait que le thomisme n'a pas eu au XIIIe siècle un triomphe facile ni même incontesté. Et c'est un fait que le nom de saint Augustin a été comme le signal de ralliement de toute l'opposition anti-thomiste. Opposition qui n'est pas faite seulement d'esprits conservateurs, inquiets des nouveautés autant que des hardiesses de saint Thomas et qui eussent aimé maintenir la théologie au stade du XIIe siècle ; il y a aussi, dans ce XIIIe siècle et cette scolastique si complexe, si riche, des représentants de ce qu'on aurait pu appeler un augustinisme moderne, qui lui aussi avait su assimiler l'apport de toutes les pensées nouvelles : c'est Avicenne ici, tout imprégné de platonisme, qui s'offrait à inspirer des prolongements originaux : on verra par exemple le

Saint Bonaventure par Victor Crivelli
(Musée Jacquemart-André, Paris).

Dieu illuminateur de saint Augustin interprété comme l'intellect agent séparé de l'Aristote d'Avicenne. C'est contre un tel augustinisme avicennisant, autant que contre l'aristotélisme averroïste, que saint Thomas, semble-t-il, se pose en s'opposant.

Mais la veine ne s'est pas tarie : en face des Dominicains, bientôt ralliés derrière saint Thomas, deux grandes familles spirituelles apparaissent comme les porte-parole de cet augustinisme toujours vivant, toujours renouvelé. C'est d'abord, de saint Bonaventure à Duns Scot, l'ordre franciscain, qui a toujours cherché en saint Augustin l'inspiration de sa théologie. On s'attarde quelquefois à s'en étonner, comme s'il n'y avait rien de plus antithétique que l'âpre sévérité augustinienne et l'optimisme souriant d'un saint François d'Assise ; mais c'est là une vue superficielle, car on oublie ainsi toute l'austérité de l'ascèse qui, chez saint François comme chez tous les spirituels authentiques, prépare, conditionne l'épanouissement mystique dont nous savons aussi qu'il n'est étranger ni à la pensée ni à l'expérience même de saint Augustin.

S'il n'est pas d'homme cultivé qui ignore l'importance historique de cet augustinisme franciscain, on a davantage oublié jusqu'ici le rôle non moins marqué, et la valeur non moins originale d'une autre grande famille, proprement augustinienne celle-là : l'ordre des Ermites de saint Augustin (ceux qu'on appelait en France les « Grands-Augustins ») : fondé en 1256 par Alexandre IV comme une fédération de petits groupements d'ermites en particulier toscans, l'ordre nouveau perd vite son caractère érémitique (il devient, avec les Carmes, le quatrième des grands ordres mendiants), connaît bientôt un brillant développement et, saisi par l'atmosphère du siècle, devient lui aussi un ordre savant, un centre actif d'études et de pensée. Son docteur propre fut Gilles de Rome (mort en 1316), le type même de l'augustinien scolastique postérieur à saint Thomas (le monument qui lui avait été élevé dans l'église des Augustins de Paris le qualifiait d'*Archiphilosophiæ Aristotelis perspicacissimus commentator*) ; si fidèle qu'ait été son école, on ne saurait y ramener tous les penseurs de l'ordre, qui furent nombreux : de cette variété témoigne un homme comme Grégoire de Rimini (mort en 1358) qui fut général de l'Ordre et, en face de franciscains comme Guillaume d'Occam, un des principaux représentants de ce nominalisme en qui s'incarne la dernière poussée créatrice de la scolastique baroque.

L'une des originalités de Grégoire de Rimini est d'avoir été, et cela de la façon la plus consciente, un anti-pélagien, fidèle à la doctrine la plus stricte de saint Augustin sur la prédestination, jusque dans ses conséquences les plus rigoureuses, comme la damnation des enfants : le salut à ses yeux est pure miséricorde de Dieu, répondant à une impuissance radicale de l'homme. Seul d'entre les grands scolastiques, Grégoire de Rimini trouvera grâce aux yeux de Luther et il est bien vrai que cet enseignement s'opposait à celui des autres docteurs, même augustinisants.

Voilà qui nous conduit à réfléchir sur la complexité de

cette notion d'augustinisme : on peut emprunter à saint Augustin sa théorie de l'illumination (ou plutôt développer une théorie originale de la connaissance dans la perspective de l'illumination), sans pour cela adopter les vues de l'adversaire de Julien d'Éclane concernant la justification. D'autres, par contre, s'y sont attaché avec prédilection. Notre tableau de l'influence augustinienne au moyen âge ne serait pas complet si nous ne montrions pas, renaissant à nouveau, comme à chaque grande époque de son histoire, le conflit entre l'augustinisme modéré, que certains qualifient bien entendu d'infidèle, et l'augustinisme rigide qui, aux yeux de l'orthodoxie catholique, verse immédiatement dans l'hérésie prédestinatianiste. Le cas de Grégoire de Rimini n'est pas isolé : il faut le rapprocher d'une autre lignée, celle qu'inaugure Thomas Bradwardine qui meurt en 1346 dans la paix de l'Église comme archevêque de Canterbury, mais dont l'enseignement hardi inspire les positions radicales d'un Wyclif, lui même source de Jean Hus...

LA RÉFORME ET L'HUMANISME

Nous avons atteint de la sorte les prodromes ou les racines de la Réforme. On oublie trop, parfois, en présence des formes modernes auxquelles se trouve avoir abouti le développement du protestantisme, que l'enjeu du débat, le point de rupture entre Réformateurs et Catholicisme, a été le problème de la justification : qu'il s'agisse de Luther, ou de Calvin, tous ont conscience de s'opposer à ce qui leur paraît le pélagianisme pratique enseigné par l'Église de leur temps et de reprendre le véritable enseignement de saint Paul dans la ligne de la sévère interprétation augustinienne ; d'où leur insistance sur le péché originel, la concupiscence, la faiblesse ou mieux l'impuissance radicale de l'homme, le salut qui vient de Dieu seul, la foi justifiante : tous ces thèmes sont renouvelés d'Augustin et les Réformateurs en ont bien conscience, qui citent volontiers l'évêque d'Hippone, invoquent sinon son autorité du moins son exemple et ne manquent pas une occasion de le couvrir de louanges.

Dans les discussions ainsi provoquées, nous retrouvons une fois de plus le conflit entre les deux interprétations, modérée ou excessive, des théories anti-pélagiennes de saint Augustin. On a pu résumer les débats si passionnés du Concile de Trente comme une bataille pour ou contre l'augustinisme. Bien qu'en définitive le Concile, définissant la foi catholique en face des innovations protestantes, se soit prudemment tenu en deçà de toute précision excessive (il n'a pas accepté de suivre le grand théologien de l'ordre des Augustins, Seripando, dans sa théorie de la double justification), il ne pouvait pas faire moins que d'intégrer à son tour l'essentiel de l'enseignement du Docteur de la Grâce, tel que la tradition ecclésiastique l'avait compris, c'est-à-dire à l'intérieur de certaines limites et en refusant toute majoration outrancière.

La Contre-Réforme ne se limite pas à la théologie dogmatique : il faudrait parler de la présence de saint Augustin dans le renouveau de la spiritualité, de la mystique. Nous le voyons, par exemple, intervenir dans une vision de sainte Marie-Madeleine de Pazzi (1585), qui fait écho à celles de la grande béguine du XIIIᵉ siècle, Hadewijch d'Anvers. Et parmi les gloires de l'ordre des Augustins, comment ne pas mentionner le grand spirituel, et aussi l'humaniste, le bibliste hardi, le poète (l'un des plus grands qu'ait comptés le Classicisme espagnol) que fut fr. Luis de Léon (1527-1591) ?

La Réforme et les réactions qu'elle a provoquées ne sont pas seules à expliquer ce renouveau de l'influence, de la présence de saint Augustin dont témoigne la culture occidentale du XVIᵉ siècle : l'Humanisme, mouvement tour à tour allié ou adversaire de la Réforme, en soi bien indépendant, a joué son rôle lui aussi. Par plusieurs de

Jérôme Seripando († 1563)
légat pontifical au Concile de Trente.

ses tendances fondamentales il devait contribuer à ramener l'attention sur l'œuvre des Pères de l'Église, et parmi eux sur celle de saint Augustin : mépris de la scolastique et de son « jargon barbare » (il eût fallu dire de sa technicité : l'allemand de Heidegger et le français de Sartre paraissent aussi « barbares » au lecteur qui n'est pas philosophe), amour de l'antiquité, retour aux sources, aux textes originaux, aux grands livres, par delà le « fatras » des gloses et des commentaires. Quand Lefèvre d'Étaples publiait par exemple en 1498 un petit groupe de textes patristiques sous le titre *Théologie vivifiante,* — avec la perfide épigraphe *Cibus solidus,* « c'est de la nourriture solide » —, on entend bien à qui il s'en prenait. On a d'autre part souvent exagéré le néo-paganisme de la Renaissance : il y avait chez ces hommes un Christianisme rémanent très conscient, souvent profond et sincère : l'humanisme auquel ils aspiraient était, voulait être un humanisme chrétien ; comment ne se seraient-ils pas retournés vers les Pères et notamment vers saint Augustin en qui ils pouvaient trouver et le modèle et la théorie d'un tel humanisme (ce mouvement est très sensible déjà, en plein XIVᵉ siècle chez un des précurseurs de l'humanisme, Pétrarque, qui a eu des liens très étroits et avec saint Augustin et avec l'ordre des Ermites) : enfin le renouveau du platonisme, où confluent la réaction anti-aristotélicienne et l'influence des derniers Byzantins, a pu lui aussi redonner un surcroît d'intérêt au maître du néo-platonisme latin et chrétien.

En fait la Renaissance et ses grands philologues ont fait beaucoup pour rassembler et diffuser l'œuvre augustinienne, et aussi pour dégager progressivement cette œuvre authentique de la poussière d'apocryphes qui avaient fini par recouvrir son vrai visage : on constate non sans étonnement que parmi les deux cents et quelques incunables qui, sitôt après l'invention de l'imprimerie, ont paru sous le nom d'Augustin, les pseudépigraphes représentent la majorité ! C'est au XVIᵉ siècle qu'ont paru les premières grandes éditions d'ensemble, et de l'une à l'autre on suit le progrès de l'épuration critique, de l'édition d'Amerbach (Bâle 1506), ou de celle d'Érasme, (Bâle, chez Froben 1527-1529), qui intègre la Cité de Dieu de L. Vives, (Bâle 1522), en passant par celle de Chevallon, plus ou moins piratée sur celle d'Érasme, (Paris 1531), à la magnifique édition préparée par 64 théologiens de Louvain, sous la direction de Jean van der Meulen, et qui paraît chez Plantin à Anvers (1576-1577).

On ne pourrait pas dire cependant que saint Augustin ait été le grand homme, l'inspirateur favori des humanistes. Bien qu'Érasme, par exemple, dans sa lettre-préface à l'archevêque Fonseca de Tolède, ait magnifiquement célébré, dans la ligne d'Isidore ou de Gottschalk, la grandeur de cet homme divin qui réunit en lui seul tous les mérites qu'on trouve séparés chez les autres Pères, on sait bien qu'au fond du cœur il lui préférait un Jérôme ou un Origène. A son gré saint Augustin paraissait trop peu critique (au sens où l'on parle de critique historique et littéraire), trop dogmatique, trop théologien, trop ecclésiastique pour ne pas dire clérical, trop abstrait, — trop profond.

Toutes ces raisons vont au contraire plaider en sa faveur auprès du classicisme qui succède à ce premier humanisme ; elles aideront, et notamment en France, à faire du XVIIe siècle, par excellence, le siècle augustinien.

« Un Père de l'Église, un docteur de l'Église, quels noms ! quelle tristesse dans leurs écrits ! quelle sécheresse, quelle froide dévotion et peut-être quelle scolastique ! disent ceux qui ne les ont jamais lus. Mais plutôt quel étonnement pour tous ceux qui se sont fait une idée des Pères si éloignée de la vérité, s'ils voyaient dans leurs ouvrages plus de tour et de délicatesse, plus de politesse et d'esprit, plus de richesse d'expression et plus de force de raisonnement, des traits plus vifs et des grâces plus naturelles que l'on n'en remarque dans la plupart des livres de ce temps, qui sont lus avec goût, qui donnent du nom et de la vanité à leurs auteurs ! Quel plaisir d'aimer la religion, et de la voir crue, soutenue, expliquée par de si beaux génies et par de si solides esprits ! surtout lorsque l'on vient à connaître que, pour l'étendue de connaissance, pour la profondeur et la pénétration, pour les principes de la pure philosophie, pour leur application et leur développement, pour la justesse des conclusions, pour la dignité du discours, pour la beauté de la morale et des sentiments, il n'y a rien, par exemple, que l'on puisse comparer à saint AUGUSTIN, que PLATON et que CICÉRON. »

C'est La Bruyère qui parle ainsi [12], en bon classique et partisan des Anciens ; on n'a jamais mieux analysé les raisons du prestige singulier, il faudrait presque dire de la fascination, qu'a exercée sur l'époque celui qu'elle appelait « l'Aigle des Docteurs », « l'Oracle de son siècle et des siècles suivants », celui des Pères de l'Église en qui elle retrouvait davantage et le noble esprit de la grande Rome, et la perfection de sa langue et la beauté d'un style.

La Bruyère écrit vers la fin de notre période classique ; c'est dès le début du XVIIe que l'influence augustinienne avait marqué de son empreinte la grande renaissance catholique, inspirée de l'esprit de la Contre-Réforme, qui a transformé la vie française de ce temps. S'il faut choisir un nom pour résumer l'ampleur et la fécondité de cette influence dans le domaine de la spiritualité, de la piété et de la mystique, on ne peut guère hésiter avant de s'ar-

Œuvres de saint Augustin, édition Érasme
(Bâle, 1529) (Bibliothèque Nationale).

rêter à celui du cardinal Pierre de Bérulle, le premier inspirateur de ce grand mouvement qu'on appelle à bon droit l'École Française (car c'est de lui que procèdent, plus ou moins, saint Vincent de Paul, et Condren, et M. Olier, Saint-Sulpice, les Eudistes...) ; de toute son œuvre, on retiendra en particulier une initiative (le lecteur aura noté que chaque renouveau de l'influence augustinienne est comme rythmé par l'apparition d'une nouvelle famille religieuse) : la fondation en 1613 de l'Oratoire de France, société de prêtres à la fois apostolique et savante qu'il a voulu voir animée de l'esprit de saint Augustin ; « c'est à lui, disait-il, que notre Congrégation doit demander d'être humble d'esprit et de conjoindre les études à l'amour de Jésus-Christ et du prochain [13] ».

Mais l'influence de saint Augustin s'est étendue bien au-delà : elle emplit le siècle tout entier. Tous le citent, l'utilisent, le commentent, même s'ils ne l'ont guère lu, comme c'est le cas de Pascal qui, semble-t-il, ne le connaît bien qu'à travers Montaigne, — grand lecteur, lui, de la *Cité de Dieu*, — Jansénius ou ses amis de Port-Royal. On le voit intervenir partout, autorité souveraine : c'est lui qu'invoquent les Gallicans pour placer les Conciles au-dessus du Pape ; l'archevêque de Paris Fr. de Harlay publie en 1685 sa *Conformité de la conduite de l'Église*

L'Oratoire de la rue Saint Honoré.

de France pour ramener les Protestants avec celle de l'Église d'Afrique pour ramener les Donatistes, que Bayle entreprend aussitôt de réfuter. C'est encore de la *Cité de Dieu*, étrangement comprise, cela soit dit en passant, que Bossuet s'inspire à chaque page dans son *Discours sur l'Histoire Universelle*... Cela finit par devenir une obsession : on n'ose plus formuler de réserves, de critiques ; saint Augustin en toutes choses a toujours raison : Rome devra en 1690 condamner, parmi les erreurs des Jansénistes, l'opinion qu'il suffit qu'un point de doctrine ait été professé par saint Augustin pour qu'on soit autorisé à le soutenir envers et contre tous, le Pape y compris.

Rien n'atteste mieux la place de premier plan qu'occupe saint Augustin dans la mentalité du XVIIᵉ siècle français que le rôle joué par lui dans le développement du cartésianisme. Mersenne dès la première lecture du *Discours sur la Méthode*, le grand Arnauld au lendemain de la parution des *Méditations métaphysiques*, signalèrent à Descartes la rencontre surprenante entre certains raisonnements du grand Docteur [14] et l'argument du *Cogito*. Descartes avait-il ou non effectivement connu ces textes ? Les historiens en discutent et, faute de document décisif, n'osent guère conclure ; la chose d'ailleurs, en ce qui concerne Descartes lui-même, importe assez peu, comme il l'a relevé avec le ton cavalier qui lui est cher [15]. Elle a eu au contraire une extrême importance pour les contemporains : cette rencontre leur parut admirable, providentielle, lourde de signification, conférant à la philosophie nouvelle une autorité inattendue. Les premiers partisans de Descartes ne cessent de célébrer cette « conformité de la doctrine de saint Augustin avec les sentiments de M. Descartes [16] » (pour un peu on concluait que celui-ci après tout n'avait rien inventé [17]): si différentes (Pascal l'a bien senti) que fussent les perspectives propres à chacun des deux penseurs, on situait le cartésianisme, pour son plus grand honneur, sur le prolongement de l'augustinisme.

Il faut d'ailleurs souligner que, par un mouvement inverse, la lecture de Descartes s'est trouvée influencer de façon profonde (et durable) la compréhension de saint Augustin. On peut se demander si, jusque-là, le XVIIᵉ siècle n'avait pas vu, dans l'évêque d'Hippone, surtout le docteur ecclésiastique et le maître de vie spirituelle: au contact de Descartes, on découvre en saint Augustin un « homme de très grand esprit et d'une singulière doctrine, non seulement en matière de théologie, mais aussi en ce qui concerne l'humaine philosophie », — comme écrit Arnauld dans les fameuses *Quatrièmes Objections*[18]. Mieux encore, c'est souvent à travers le prisme cartésien qu'on apprend à découvrir la pensée augustinienne : un Oratorien, le P. André Martin, publie entre 1653 et 1671 une *Philosophia Christiana* qui est un montage extrêmement ingénieux de textes empruntés à saint Augustin, réalisé avec une habileté tendancieuse : l'Augustin systématique qu'il nous présente est un Augustin repensé et reconstruit selon le système de Descartes : le tome VI qui achève l'ouvrage est tout entier consacré à établir que saint Augustin, qui n'en a jamais parlé explicitement, s'accorde bien en fait avec notre philosophe pour nier l'âme des bêtes !

C'est la rencontre, et précisément au sein de l'Oratoire, d'un tel cartésianisme augustinisant et d'un augustinisme cartésien qui définit le climat de pensée où a pu s'épanouir la philosophie du P. Malebranche. Il n'est pas question d'évoquer celle-ci pour elle-même. Soulignons simplement que, quelle que soit son originalité profonde, des thèses comme la vision en Dieu ou la théorie des causes occasionnelles la font apparaître, historiquement, comme ayant poussé à l'extrême, à la limite, certaines tendances bien spécifiquement augustiniennes : l'indifférence, sinon le mépris, pour les causes secondes et l'insistance à souligner le rôle primordial de Dieu tant dans le mécanisme de la création que dans celui de la connaissance. On l'a vu, c'est le propre de l'augustinisme que d'engendrer des disciples qui, par une fidélité si l'on peut dire excessive, débordent, et transforment en le déformant, l'enseignement même de saint Augustin.

Le XVIIe siècle nous en fournit un autre et bien éclatant exemple dans le domaine proprement théologique et religieux avec la grande et douloureuse aventure du Jansénisme, qui, renouvelant les vieilles querelles du prédestinatianisme, va une fois de plus affronter les deux interprétations, radicale ou mitigée, des théories antipélagiennes sur la grâce. La querelle était rendue en quelque sorte inévitable par la réserve même qu'avait observée le Concile de Trente vis-à-vis de ce problème entre tous contesté. C'est ce que montrent bien deux épisodes, moins connus en France que le Jansénisme proprement dit, mais qui l'éclairent singulièrement.

C'est d'abord, à Louvain même, où se formeront Jansénius et Saint-Cyran, l'affaire du Baïanisme : Michel de Bay (1513-1589), Baius dans le latin du temps, est un augustinien strict ; il se vante, réalisant et au-delà l'exploit déclaré impossible par Possidius, d'avoir lu 9 fois l'œuvre entier de saint Augustin et 70 fois les écrits sur la grâce (apocryphes compris d'ailleurs) : la proportion est significative. A trop feuilleter le dossier anti-pélagien, on ne peut manquer d'en sortir imprégné de pessimisme sur l'homme, le péché, le libre arbitre et tout naturellement on aboutit à une théorie de la justification qui excède bientôt les limites de l'orthodoxie. Baius est par rapport à Jansénius ce que Bradwardine est à Wyclif : censuré, condamné, il meurt fidèle à l'Église, mais sa doctrine contient déjà tout ce que l'autre reprendra et où s'obstinera l'hérésie.

La seconde échauffourée est ce qu'on appelle la querelle *de auxiliis*, provoquée, elle au contraire, par l'enseignement, beaucoup trop favorable à l'homme et à son rôle dans le salut, du jésuite espagnol Luis de Molina (1536-1600) : les discussions éclatent en Espagne en 1594 entre Dominicains, hostiles à Molina, et Jésuites et sont portées ensuite à Rome où de 1598 à 1607 les deux parties plaident leur cause devant Clément VIII et Paul V ; les débats, qui laissèrent aux deux ordres en cause des souvenirs bien amers, aboutirent à une sentence renvoyant les deux adversaires dos à dos, les Dominicains étant absous du soupçon de calvinisme, les Jésuites d'être pélagiens. Solution prudente qui, bien entendu, ne devait pas mettre un terme à l'effort des théologiens pour cerner de plus près la zone inaccessible du mystère où se rencontrent la toute-puissance divine et la liberté de l'homme. La querelle devait rebondir vers la fin du siècle où, cette fois, c'est l'ordre des Augustins, dont le principal porte-parole fut le cardinal Noris (1631-1704), qui défend contre le molinisme une interprétation plus stricte de l'exégèse augustinienne. Une sentence de Benoît XIV en 1704 réaffirmait pour finir la liberté, au sein de l'orthodoxie catholique, des diverses écoles et des systèmes. Mais entre temps le Jansénisme avait allumé dans l'Église un incendie beaucoup plus dangereux.

Cet épisode a joué dans l'histoire religieuse et littéraire de notre pays un rôle trop connu pour qu'il soit nécessaire de l'évoquer longuement ici. Il est sorti, comme on le sait, de la publication du livre posthume du hollandais

Jansenius
(*Frontispice de l'*Augustinus, 1640).

Cornelius Jansen, professeur puis recteur de Louvain, mort en 1638 évêque d'Ypres, un gros in-folio au titre bien significatif : *Augustinus ou la doctrine de saint Augustin sur la santé* (avant la chute !), *la maladie et la guérison de la nature humaine contre les Pélagiens et les « Marseillais »*. (Louvain 1640, Paris 1641, Rouen 1643). Mais le seul Jansénius n'explique pas tout le Jansénisme : on ne peut

CORNELII IANSENII

EPISCOPI IPRENSIS

AVGVSTINVS.

TOMVS PRIMVS.

In quo hæreses & mores Pelagij contra naturæ huma-
næ sanitatem, ægritudinem & medicinam
ex S. Augustino recensentur ac
refutantur.

Cum duplici indice Rerum & S. Scripturæ.

LOVANII,

Typis IACOBI ZEGERI, Anno M. DC. XL.

*Cum gratia & Privilegio S. Cesareæ Majestatis &
Regis Catholici.*

séparer sa pensée de l'action exercée par ces deux grands hommes que furent le camarade d'études et ami de Jansénius, Jean Duvergier de Hauranne, abbé de Saint-Cyran (1581-1643), cet homme étrange, si difficile à juger, à qui est due pour une large part la formation spirituelle de ce milieu de Port-Royal où le Jansénisme recrutera ses plus ardents fidèles,—et le grand homme de ce milieu, Antoine Arnauld (1612-1694), le véritable chef du parti, polémiste infatigable, caractère d'acier...

Histoire longue et douloureuse que celle de l'affaire, ouverte dès 1641 par la première condamnation de l'*Augustinus* par Urbain VIII, un moment apaisée sous Clément IX en 1668 par la « paix clémentine », — « paix de l'Église » ou « paix fourrée » (cette période de tranquillité assure au développement des études et de l'influence augustiniennes une période de floraison comparable à celle du début du siècle). La dispute reprend de plus belle à partir de 1676 sous Innocent XI : Arnauld mort, le chef du parti devient Pasquier Quesnel (1634-1719) ; elle se fait plus âpre, plus raide, infiniment moins riche en valeurs humaines et spirituelles ; elle s'est prolongée, comme on le sait, bien avant dans le XVIIIe siècle ; il n'est pas sûr que toutes ses séquelles aient été, même aujourd'hui, surmontées.

L'essentiel du débat n'a cessé de porter sur l'autorité de saint Augustin, proclamée sans réserves, avec une insistance unilatérale, par ceux qui aimaient s'appeler « les défenseurs de la grâce et de saint Augustin » : il est certain que le Jansénisme est pour beaucoup dans cette omniprésence, cette obsession de l'augustinisme que nous avons soulignée. Au-delà des polémiques, il faut voir tout ce qui a positivement contribué à le faire mieux connaître, à le rendre plus familier. Les travaux historiques se multiplient, dus à la plume des Jansénistes ou de leurs adversaires Jésuites, — sur Augustin lui-même, Pélage, les Semi-pélagiens, Gottschalk même ; certes on leur reprochera souvent de trop se laisser absorber par les préoccupations du moment au détriment de la sérénité nécessaire à l'effort authentique de compréhension ; c'est toutefois à l'un des Messieurs de Port-Royal, le grand Sébastien Lenain de Tillemont, que nous devons la biographie la plus précise et la plus critique qui ait été jusqu'à ce jour écrite sur saint Augustin. Éditions par-

Saint Cyran, la main droite posée sur les Œuvres de saint Augustin et sur la Bible.
par Philippe de Champaigne (vers 1643). (Musée de Versailles).

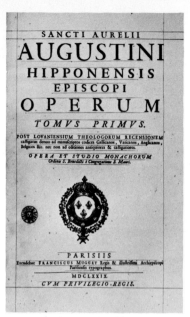

tielles et traductions se sont aussi multipliées ; le siècle
finissant élèvera le plus beau et le plus durable monument
qui ait été dédié à sa mémoire : l'édition générale de l'œuvre
augustinienne publiée par les Bénédictins de la Congrégation de Saint-Maur, le chef-d'œuvre de l'admirable
équipe groupée autour de Mabillon à l'abbaye de Saint-
Germain-des-Prés : préparée sous la direction de Dom
Delfaut puis de Dom Blampin, poursuivie non sans orages,
elle a paru entre 1679 et 1700, surclassant la vieille édition
des théologiens de Louvain ; — elle n'a pas encore été,
elle-même, entièrement remplacée.

HIER, AUJOURD'HUI, DEMAIN.

Le succès même assuré par le xviiᵉ siècle à saint
Augustin, le rôle qu'il avait joué dans les querelles ecclésiastiques, détournent de lui le xviiiᵉ, dans la mesure où
celui-ci s'identifie à la Philosophie, aux Lumières, à la

178

Œuvres de saint Augustin.
Édition des Mauristes, 1679.

réaction anti-catholique, à la déchristianisation. Il est pénible par exemple de relire les quelques lignes négligentes, presque toujours dédaigneuses, que lui consacre par-ci par-là le voltairien Gibbon dans sa grande histoire du *Déclin et de la chute de l'Empire romain* (1776-1788). Mais dans la mesure où le Christianisme se reprend et renaît, il ne peut manquer de venir à nouveau s'abreuver à la source vive de la pensée augustinienne. Le nom symbolique qu'il est intéressant de situer, en quelque sorte à la charnière, est celui du barnabite Hyacinthe Gerdil (1718-1802), qui défend Malebranche contre Locke, rédige un *Anti-Émile* (1763) : il est piquant de constater que la réponse au Vicaire savoyard est sortie de la plume d'un savoisien (Gerdil est né à Samoëns).

Avec lui, c'est la veine philosophique de l'augustinisme qui se prolonge : Gerdil est aux origines du mouvement ontologiste, un augustinisme métaphysique renouvelé de Malebranche (une connaissance immédiate de Dieu en qui nous voyons ces archétypes divins que sont les idées générales et leur vérité), doctrine et tendance qui jusque vers 1860 va dominer dans beaucoup de milieux catholiques, — et inquiéter l'orthodoxie : en Italie, avec Gioberti, Rosmini, Mamiani, à Louvain, en France (c'est un ontologiste, l'abbé Jules Fabre, qui réédite, en la retouchant quelque peu, la *Philosophia* augustinienne du P. André Martin, Paris 1863).

Mais ce n'est là qu'un aspect particulier : de fait toute la renaissance chrétienne du XIXᵉ siècle s'alimente à l'augustinisme, comme l'attestent les réimpressions de l'édition bénédictine, les traductions partielles ou complètes qui se sont alors multipliées, notamment en France. Comme toujours cette nouvelle phase de l'influence augustinienne se reflète dans l'évolution de la vie religieuse, s'incarne dans la création de nouvelles familles inspirées de son esprit : c'est sous la *Regula sancti Augustini* que le P. d'Alzon organise, entre 1845 et 1850, sa congrégation des Augustins de l'Assomption.

Il ne paraît pas nécessaire d'établir les preuves de cette présence, toujours aussi sensible, de saint Augustin au sein de la culture des dernières générations, — et de la nôtre. Il reste un des rares penseurs chrétiens dont les non-chrétiens savent qu'il existe et à qui ils font au moins une place dans l'évolution de l'esprit humain. Si éloigné qu'il ait pu se montrer, notamment au moment du triomphe du libéralisme, des positions doctrinales et ecclésiastiques de saint Augustin, le protestantisme n'a pas cessé de s'intéresser à lui et, d'une certaine manière, d'en contester la possession au catholicisme. Celui-ci n'a pas cessé non plus de le vénérer comme un de ses plus grands docteurs : à travers les siècles, les encycliques solennelles de Pie XI (1930) ou Pie XII (1954) font écho à la voix de leur prédécesseur de 431, et cela malgré le caractère paradoxal de l'influence augustinienne, source, on l'a vu, d'autant d'hérésies ou de déviations que de fruits sains.

La célébration, en 1930, du XVe centenaire de sa mort, celle, à l'automne 1954, du XVIe centenaire de sa naissance, ont montré à la fois « la fécondité toujours renouvelée de la pensée augustinienne » (le mot est de Maurice Blondel[19]) et les exigences méthodologiques qui conditionnent son avenir. Si rapide qu'ait été cette revue des siècles, elle aura suffi à faire saisir au lecteur ce fait paradoxal : ce n'est pas toujours le meilleur de saint Augustin qui a exercé de fait l'influence la plus profonde ou du moins la plus visible ; la tâche qui nous est fixée devient dès lors facile à définir (Étienne Gilson en 1930[20], Maurice Nédoncelle[21] ou André Mandouze[22] en 1954 l'ont bien vue) : en appeler sans cesse de l'augustinisme, de tous les augustinismes, à saint Augustin.

Notes

1. *Retractat.*, 40 (ii, 13), 42 (ii, 15), 59 (ii, 32) ; *Lettre* 174.
2. *Lettre* 72, 1.
3. *Lettres* 94 ; 119, 2.
4. *Lettre* 109, 1-2.
5. Ps. Jérome (ici Gennade de Marseille), *Indic. de haeres.*, 52.
6. Célestin, *Lettre* 21.
7. Vincent de Lérins, *Excerpta* (Madoz) ; Gennade, *De Viris illustr.*, 28.
8. *Étymologies*, vi, 7, 3.
9. *Lettre* x, 16.
10. Gottschalk, p. 327 Lambot.
11. *Institutions*, i, 22.
12. *Des esprits forts*, 21.
13. Conférence du 28 août 1613 (J. Dagens, *Bérulle*, p. 268).
14. *De libero arbitrio*, ii, 3 (7) ; *Cité de Dieu*, xi, 26 ; *de Trinitate*, x, 10 (14). Cf Trad. ci-dessus p. 96-97.

15. *IVes Réponses*, t. ix (Adam-Tannery), p. 170 ; *Lettre* de Novembre 1640, t. iii, p. 247-248.
16. L. de la Forge, *Traité de l'esprit de l'homme*, préf., et déjà C. Clerselier, préf. au *Traité de l'homme de* Descartes.
17. D. Huet, *Censura philosophiae Cartesianae*, p. 203.
18. Adam-Tannery, t. ix, p. 154.
19. *Saint Augustin* (*Cahiers de la Nouvelle Journée*, 17), 1930, p. 3-20.
20. *L'avenir de la métaphysique augustinienne*, dans *Mélanges Augustiniens*, Paris 1931, p. 371.
21. *Augustinus Magister*, t. i, p. 601-602.
22. Interview dans *L'Actualité religieuse*, 1er novembre 1954.

Saint Augustin dans « l'Enterrement du Comte d'Orgaz », par le Greco. (Tolède).

Œuvres de Saint Augustin

Pour beaucoup de ces œuvres il faut encore utiliser l'édition des BÉNÉDICTINS DE SAINT-MAUR : on trouve facilement dans les bibliothèques, à défaut des magnifiques in-folios du XVIIᵉ ou du XVIIIᵉ siècle (il y a eu plusieurs réimpressions), les reproductions qu'en ont données les grands entrepreneurs de librairie du XIXᵉ :

GAUME, Paris 1836-1838, 11 tomes (belle présentation).

CAILLAU, Paris (Parent-Desbarres) 1836-1840, 41 volumes de sa *Collectio selecta SS. Ecclesiæ Patrum.*

MIGNE, Paris (aujourd'hui Brepols), 1841-1842, 15 tomes de sa fameuse PATROLOGIE LATINE (la plus répandue, et c'est dommage : le texte est souvent infidèle, soit par accident, soit par suite de corrections arbitraires, dictées par un naïf anti-jansénisme).

La moitié environ de l'œuvre augustinienne est maintenant accessible dans les éditions critiques du CORPUS SCRIPTORUM ECCLESIASTICORUM LATINORUM de l'Académie de Vienne : toutes n'ont pas réalisé sur l'édition bénédictine le progrès qu'on pouvait attendre des méthodes de la philologie moderne ; nous signalerons en note quelques éditions d'œuvres isolées qui méritent d'être retenues ou préférées.

Enfin le CORPUS CHRISTIANORUM, SERIES LATINA, Turnhout (Brepols), a déjà sorti quelques uns des t. 27-59 prévus pour l'œuvre de saint Augustin.

Seule de toutes les grandes nations, la France possède deux traductions intégrales de saint Augustin :

POUJOULAT et RAULX, Bar-le-Duc 1864-1873, 17 volumes ;

PÉRONNE, ÉCALLE, VINCENT, CHARPENTIER et BARREAU, Paris (Vivès) 1869-1878, 34 tomes (reproduit en bas de page le texte latin des Mauristes).

Une troisième est en cours de publication depuis 1936 chez Desclée De Brouwer : BIBLIOTHÈQUE AUGUSTINIENNE, sous la direction de F. Cayré, puis A. de Veer (petits volumes reliés, format de poche, avec le texte latin en regard, introduction et commentaires développés). Il existe beaucoup de traductions d'œuvres particulières : nous mentionnerons seulement les plus notables [1].

---

1. On ne fournit pour chacune que la date de la première édition.

Le tableau ci-après donne pour chaque œuvre la date [2], telle qu'elle nous paraît résulter des recherches les plus récentes (certaines inédites), le titre, la tomaison des Maur(istes) (c'est aussi celle de Gaume et elle correspond, volume par volume, aux t. 32-46 de la Patrologie Latine), celles du C(orpus) S(cript.) E(ccles.) L(atin.) de Vienne, du C(orpus) C(hristianorum), de la traduction P(éronne) É(calle) V(incent), et enfin de la B(ibliothèque) A(ugustinienne).

DATE	TITRE	MAUR	CSEL	CC	PÉV	BA
Nov. 386	*Academicos (contra —)*	I	63	29	2	4
394	*Adimantum Manichaei discip. (contra —)*	VIII	25,1		25	17
Après 404	*Adnotationes in Job*	III, 1	28,3		8	
419 —	*Adversarium Legis (contra —)*	VIII			26	
396	*Agone christiano (de —)*	VI	41		21	1
419 —	*Anima et ejus origine (de —)*	X, 1	60		30	22
Après 404	*Baptismo (de —)*	IX	51		28	29
Nov. 386	*Beata vita (de —)*	I	63	29	2	4
Après 404	*Bono conjugali (de —)*	VI	41		21	2
414	*Bono viduitatis (de —)*	VI	41		21	3
Hiv. 411-12	*Breviculus collationis*	IX	53		29	32
18. 9. 418	*Cæsariens. eccles. plebem (ad —)*	IX	53		29	32
Après 404	*Catechizandis rudibus (de —)*	VI		46	21	11
?	*Catechumenos de symbolo (ad —)*	VI		46	22	
413-427	*Civitate Dei (de —)[3]*	VII	40	47-48	23	33-37
427-428	*Collatio cum Maximino*	VIII			27	
397-401	*Confessiones[1]*	I	33		2	13-14
419	*Conjugiis adulterinis (de —)*	VI	41		21	2
Après 404	*Consensu evangelistarum (de —)*	III,1	43		8-9	
Après 418	*Continentia (de —)*	VI	41		21	3
417	*Correctione Donatist. (de —) = Ep.* 185	II			5	
426	*Correptione et gratia (de —)[5]*	X,1			31	24
405-408	*Cresconium grammaticum (de —)*	IX	52		29	31
421	*Cura pro mortuis gerenda (de —)[6]*	VI	41		22	2
395-430	*Disciplina christiana (de —)*	VI		46	22	
28-29.8.392	*Disputatio contra Fortunatum*	VIII	25,1		25	17
Après 408/9	*Divinatione dæmonum (de —)*	VI	41		22	10

2. « 419— » signifie « commencé en 419 » ; « 413-427 » = « composé entre 413 et 427 ; « 396 ; 426 » = « une première partie composée en 396, la seconde en 426 ; « 421/422 » = « écrit en 421 ou en 422 ».

3. Préférer l'éd. DOMBART [4] — KALB, coll. Teubner, 1928-29, heureusement reproduite par le CC 47-48 et la BA 33-37. La meilleure traduction française reste celle de P. LOMBERT (1675).

4. A l'édition P. DE LABRIOLLE, coll. « Budé » (1925 ; I[5] 1950 ; II[3], 1947), préférer celle de M. SKUTELLA, coll. Teubner (1934), reproduite par BA 13-14. Traductions : A. ARNAULD (1649), Ph. GOIBAUD DU BOIS (1686), Dom J. MARTIN (1741), P. DE LABRIOLLE (1925, Budé), J. TRABUCCO (1937, Garnier), G. COMBES (1942, Lethielleux), L. de MONDADON (1947, rééd. livre de poche, Hachette).

5. Éd. Ch. BOYER, Rome, 1932 ; trad. A. ARNAULD (1644).

6. Trad. P. DE LABRIOLLE, *Choix d'écrits spirituels de saint Augustin* (1932, Gabalda).

DATE	TITRE	MAUR	CSEL	CC	PÉV	BA
398?; 426	*Doctrina christiana (de —)*[7]	III, 1	80	32	6	11
Hiv. 411-12	*Donatistas post collationem (ad —)*	IX	53		29	32
429	*Dono perseverantiæ (de —)*[8]	X, 2			31	24
392	*Duabus animabus (de —)*	VIII	25,1		25	17
394?-424?	*Enarrationes in Psalmos*[9]	IV			38-40	11-15
421/22—	*Enchiridion ad Laurentium*[10]	VI		46	21	9
394-395	*Ep. ad. Galatas expositio*	III, 2	84		11	
394-395	*Ep. ad Romanos inchoata expositio*	III, 2	84		11	
394-395	*Ep. ad. Romanos quar. propos. expositio*	III, 2	84		11	
Après 404	*Epistulam Parmeniani (contra —)*	IX	51		28	28
396	*Epistulam q. v. Fundamenti (contra —)*	VIII	25,1		25	17
Hiv. 419-20	*Epistulas Pelagianorum (contra —)*	X, 1	60		31	23
386-429	*Epistulæ*[11]	II	34, 44 57, 58		4-6	
398-404	*Faustum Manichaeum (contra —)*	VIII	25,1		25	
7/12.12.404	*Felicem Manichaeum (contra —)*	VIII	25,2		26	17
8.10.393	*Fide et symbolo (de —)*	VI	41		21	9
412-413	*Fide et operibus (de —)*	VI	41		21	8
?	*Fide rerum quæ non videntur (de —)*[12]	VI		46	21	8
419-420	*Gaudentium (contra —)*	IX	53		29	32
388-389	*Genesi contra Manichaeos (de —)*	III, 1			3	
393; 426	*Genesi ad litt. lib. imperfectus (de —)*	III, 1	28,1		7	
404-414	*Genesi ad litteram lib. XII (de —)*	III, 1	28,2		7	48-9
20.9.418	*Gesta cum Emerito*	IX	53		29	32
417	*Gestis Pelagii (de —)*	X, 1	42		30	21
418	*Gratia Christi et pecc. orig. (de —)*[13]	X, 1	42		30	22
425	*Gratia et libero arbitrio (de —)*	X, 1			31	24
412	*Gratia novi Testam. (de —) = Ep. 140*	II	44		5	
428-429	*Hæresibus ad Quodvultdeum (de —)*	VIII		46	25	
387	*Immortalitate animæ (de —)*	I			3	5
Après 404	*Inquisitiones Januarii (ad —) = Ep. 54-55*	II	34		4	
429/430?	*Judaeos (adversus —)*	VIII			25	
428-430	*Juliani responsionem op. imperf. (contra —)*	X, 2			13-32	
421-422	*Julianum lib. VI (contra —)*[14]	X, 1	85		31	
388; 394-5	*Libero arbitrio (de —)*[15]	I	74	29	3	6

7. Éd. H. Vogels, *Florilegium Patristicum*, n° 24 (1930); trad. G. Colletet. (1636), Ph. Goibaud Du Bois (1701).
8. Trad. A. Arnauld (1676).
9. Trad. A. Arnauld (1683); choix G. Humeau (1947).
10. Éd. O. Scheel ² (1930), A. Sizoo, La Haye (Daamen) 1947; trad. A. Arnauld (1648).
11. Trad. Ph. G. Du Bois (1684), M. Poujoulat (1858). Ajouter la belle *Lettre-préface à la Cité de Dieu* publ. par C. Lambot, *Revue bénédictine*, (1939).
12. Éd. M. Mc Donald, *Patristic Studies*, n° 84 (1950).
13. Trad. anon. (1683), R. Angevin (1699), F. de Villeneuve (1738).
14. Trad. F. de Villeneuve (1738).
15. Trad. Ph. G. Du Bois (1701).

Date	Titre	Maur	CSEL	CC	PÉV	BA
401; 402; 405	Litteras Petiliani (contra —)	IX	52		28	30
419—	Locutiones in Heptateuchum	III, 1	28,2		7	
389	Magistro (de —)	I	77	29	3	6
428	Maximinum Arianum (contra —)	VIII			27	
394-395	Mendacio (de —)	VI	41		22	2
419	Mendacium (contra —)	VI	41		22	2
388; 389-90?	Moribus eccles. cathol. et Manich. (de —)[16]	I			3	1
389	Musica (de —)	I			3	7
Après 404	Natura boni (de —)	VIII	25,2		26	1
415	Natura et gratia (de —)	X, 1	60		30	21
418-9; 419-20	Nuptiis et concupiscentia (de —)	X, 1	42		30	23
Après 404	Opere monachorum (de —)[17]	VI	41		22	3
Fin 386	Ordine (de —)[18]	I	63	29	2	4
415	Origine animæ (de —) = Ep. 166	II	44		5	
Vers 418	Patienta (de —)	VI	41		22	
411; 412	Peccatorum meritis et remissione (de —)	X, 1	60		30	
Avant 415	Perfectione justitiæ hominis (de —)	X, 1	42		30	21
429	Prædestinatione sanctorum (de —)[19]	X, 1			31	24
417	Præsentia Dei (de —) = Ep. 187	II	57		5	
415	Priscillanistas et Origen. (contra —)	VIII			26	
394	Psalmus contra partem Donati[20]	IX	51		28	28
Après 404	Quæstiones Evangeliorum	III, 2			9	
419—	Quæstiones in Heptateuchum	III, 1	28,3	33	7-8	
?	Quæstiones viii ex Vet. Testam.	III, 2		33		
?	Quæstiones xvii in Matthæum	III, 2			9	
408-410	Quæstiones vi contra Paganos = Ep. 102	II	34		4	
388-395/6	Quæstionibus (de diversis — lxxxiii)	VI		44A	21	10
396	Quæstionibus (de div. — ad Simplician.)	VI		44	21	10
422	Quæstionibus (de viii Dulcitii —)	VI			21	10
?	Quæstionibus (de viii — ex Vet. Test.)[21]	III, 2				
388	Quantitate animæ (de —)	I			3	5
?	(Regula sancti Augustini)[22]	I			3	
426-427	Retractationes	I	36		2	12
Après 404	Sancta virginitate (de —)[23]	VI	41		21	3
394	Sermone Domini in monte (de —)[24]	III, 1		35	9	
Fin 418	Sermonem Arianorum (contra —)	VIII			26	

16. Trad. A. Arnauld (1644), Ph. G. Du Bois (1690).
17. Trad. J. .P. Camus (1633).
18. Trad. Ph. G. Du Bois (1701).
19. Trad. A. Arnauld (1676).
20. Éd. C. Lambot, Revue Bénédictine, (1935).
21. Éd. D. De Bruyne, Miscellanea Agostiniana, t. II (1931).
22. Éd. D. De Bruyne, Revue Bénédictine, (1930) ; J. L. Verheijen, Études Augustiniennes, (1967); Trad. P. de Labriolle, Choix... Gabalda (1932).
23. Trad. Cl. Seguenot (1638).
24. Trad. P. Lombert (1783).

DATE	TITRE	MAUR	CSEL	CC	PÉV	BA
	Sermones[25]	V		41 -	15-20	
Après 404	Secundinum (contra —)	VIII	25,2		26	17
415	Sententia Jacobi (de —) = Ep. 167	II		5		
Hiv. 386-7	Soliloquia	I		2	5	
?	Speculum (Quis ignorat...)[26]	III,1	12			
412	Spiritu et littera (de —)[27]	X,1	60	30		
407	Tractatus in Ep. Johannis ad Parthos[28]	III,2		10		
406-407	Tractatus in Joh. ev. 1-16	III,2		36	9-10	71
Après 418	Id. 17-124			36		72
404-419	Trinitate (de —)	VIII		50-50A	27	15-16
410-411	Unico baptismo (de —)	IX	53		29	31
405	Unitate Ecclesiæ (de —)	IX	52		29	
Fin 411?	Urbis excidio (de —)	VI		46	22	
391	Utilitate credendi (de —)[29]	VIII	25,1		25	8
408/412	Utilitate jejunii (de —)	VI		46	22	2
390	Vera religione (de —)[30]	III,1	77	32	3	8
413?	Videndo Deo (de —) = Ep. 147[31]	II	44		5	

25. Pour les questions d'authenticité, voir E. DEKKERS, Clavis Patrum Latinorum, nos 284-288, 368-372. Éd. critique des Sermones post Maurinos reperti dans l'éd. G. MORIN, Miscellanea Agostiniana, t. I (1931); quant aux Sermones post Morinum..., dont la liste s'allonge presque chaque année, voir Revue bénédictine, 1930, 1932-34, 1936-39, 1947-50, 1952-53; Miscellanea G. Mercati, I (Studi e Testi, 211), 1946, Colligere fragmenta (Mélanges A. DOLD, Texte und Arbeiten de Beuron, I, 2. Beiheft), 1952. Trad. d'un choix : Ph. DU BOIS (1694), G. HUMEAU (1932-1934, La Bonne Presse), S. POQUE (1966, Sources Chrétiennes, 116).

26. Authenticité contestée peut-être à tort.

27. Trad. V. DU CAURROY (1551), Ph. G. DU BOIS (1700), J. D. BURGER (Neuchatel, Messeiller, 1951).

28. Éd., trad. P. AGAËSSE, Sources Chrétiennes, 75 (1961).

29. Trad. P. ESTÈVE (1741).

30. Trad. A. ARNAULD (1647), Ph. G. DU BOIS (1690).

31. Éd. M. SCHMAUS, Florilegium Patristicum, n° 23 (1930).

rientation
bibliographique

Entre tant de travaux consacrés à Saint Augustin, il est difficile de se reconnaître. La masse s'accroît de plus en plus; on pourra se rendre compte de la diversité des points de vue sous lesquels l'érudition et la pensée contemporaines envisagent l'œuvre augustinienne en feuilletant :

Augustinus magister, *Communications* (t. I et II) et *Actes* (t. III) du *Congrès International Augustinien*, Paris 21-24 Septembre 1954 (Études Augustiniennes [32]) et la collection de la *Revue des Études Augustiniennes* (depuis 1955), avec ses volumes complémentaires de *Recherches Augustiniennes* (même éditeur).

Nous voudrions simplement ici guider les premiers pas d'un lecteur supposé entièrement novice. Comme première initiation générale, le livre très personnel, au style étincelant, de :

P. Brown, *Augustine of Hippo, a Biography*, Londres 1967 (Faber & Faber). Trad. française, *La Vie de saint Augustin*, aux Éd. du Seuil, 1971.

D'autre part, tout l'apport de l'érudition moderne se trouve rassemblé et orchestré dans la grande thèse d'A. Mandouze, *Saint Augustin, l'aventure de la raison et de la grâce*, 797 p., 1968 (Études Augustiniennes).

BIOGRAPHIE : La seule monographie critique couvrant toute la vie de saint Augustin reste celle du grand historien janséniste :

S. Lenain de Tillemont, *Mémoires pour servir à l'histoire ecclésiastique*, tome XIII, 1701 [33].

Seule la période de la jeunesse et de la conversion, couverte par le récit des *Confessions*, a retenu l'attention — mais jusqu'à l'exaspérer au-delà des limites utiles — de la critique moderne. La meilleure mise au point est celle de :

J. O' Meara, *The young Augustine, the Growth of St. Augustine's Mind up to his Conversion*, Londres 1954 (Longmans). Trad. franç. *La Jeunesse de saint Augustin* (Plon).

---

32. Nous indiquons le nom de l'éditeur pour les ouvrages qui se trouvent en librairie.

33. La *Vita* jointe à l'édition des Mauristes (t. XI; P. L. t. 32, trad.PÉV., t. I) a été rédigée par Dom du Frische et Dom Vaillant sur la documentation que leur avait communiquée Tillemont.

Miniature provenant de La Couture, du Mans, et illustrant un manuscrit des Enarrationes in Psalmos *de saint Augustin (fin XIᵉ s.). L'Église personnifiée tend les mains vers un groupe d'hommes* : Ecclesia loquitur de Christo.

L'avant-dernier état de la question est représenté par le livre de :
P. Courcelle, *Recherches sur les Confessions de saint Augustin*,
2ᵉ éd. 1968 (De Boccard), que complète, du même auteur : *Les Confessions de saint Augustin dans la tradition littéraire*, 1963 (Ét. Augustiniennes), p. 17-197.

Sur la période ecclésiastique existe pourtant un excellent livre de :
F. van der Meer, *Augustin pasteur d'âmes* (en hollandais). Trad.
franç. 1955, (Alsatia, 2 vol.) V. aussi : O. Perler, *Les Voyages de saint Augustin* (sous presse aux Ét. Augustiniennes).
Sur la formation et l'équipement mental de saint Augustin :
H. I. Marrou, *Saint Augustin et la fin de la culture antique*, 4ᵉ éd.
augmentée d'une *Retractatio*, 1958 (De Boccard).

La connaissance de la langue et du style de saint Augustin a été complètement renouvelée par les travaux de l'École de Nimègue sur le latin des Chrétiens; à défaut de synthèse, voir les articles rassemblés par Chr. Mohrmann, *Études sur le latin des Chrétiens*, I-III, Rome 1958-1965 (Storia e Letteratura 65, 87 et 103).

PENSÉE : un livre de base :

E. Gilson, *Introduction à l'étude de saint Augustin*, 2ᵉ éd., 1943 (Vrin), que limite cependant la perspective un peu étroitement philosophique de l'auteur.
Pour la théologie, et de façon générale, le meilleur inventaire reste, malgré un cadre théologique périmé :
E. Portalié, *Augustin (saint)* dans le *Dictionnaire de Théologie Catholique* de Vacant-Mangenot-Amann, t. I, 2, col. 2268-2472, 1902 (Letouzey et Ané).
On pourra confronter le point de vue confessionnel de l'auteur à celui du grand historien protestant libéral :
A. Harnack, *Lehrbuch der Dogmengeschichte*, 5ᵉ éd. (1932), t. III, p. 56-215.
On n'a traduit en français que son bref *Précis de l'histoire des dogmes* (1893), p. 256-295.

Problèmes philosophiques : après Gilson, on peut lire les livres encore très élémentaires, de :
R. Jolivet, *Dieu soleil des esprits, la doctrine augustinienne de l'illumination*, 1934 (Desclée De Brouwer); *Le problème du Mal d'après saint Augustin*, 1936 (Beauchesne).
F. Cayré, *Dieu présent dans la vie de l'esprit*, 1951 (Desclée De Brouwer) sur les preuves de l'existence de Dieu.
J. Guitton, *Le temps et l'éternité chez Plotin et saint Augustin*, 1933, réédition remaniée 1959 (Vrin).
Sur la Trinité, le livre de base reste :
M. Schmaus, *Die psychologische Trinitatslehre des hl. Augustinus*, (Münsterrische Beiträge zur Theologie, 11), 1907.

En français :
A. Gardeil, *La structure de l'âme et l'expérience mystique*, 1927, t. I, p. 28-130; t. II, p. 281-312, mais la question se trouve renouvelée

par les recherches d'O. du Roy, *L'Intelligence de la Foi en la Trinité selon saint Augustin, Genèse de sa théologie trinitaire jusqu'en 391*, 1966 (Études Augustiniennes).

Sur l'utilisation de la Bible dans l'enseignement de saint Augustin, deux excellents guides :

M. Comeau, *Saint Augustin exégète du IVe Évangile*, 1930.

M. Pontet, *L'exégèse de saint Augustin prédicateur* (coll. Théologie, 7), 1946 (Aubier), mais surtout utiliser les fascicules parus de A. M. La Bonnardière, *Biblia Augustiniana*, et notamment le volume sur le *Livre de la Sagesse*, 1970 (Ét. Augustiniennes).

Sur l'Église il faut pouvoir lire :

J. Ratzinger, *Volk und Haus Gottes in Augustinus Lehre von der Kirche*, Münich, 1954 (K. Zink) V. aussi E. Lamirande. *L'Église céleste selon saint Augustin*, Paris 1963 (Ét. Augustiniennes) et surtout P. Borgomeo, *L'Église de ce temps dans la prédication de saint Augustin*, 1972 (Ét. Augustiniennes).

Sur la morale, le livre fondamental est, toujours en allemand :

J. Mausbach, *Die Ethik des Hl. Augustinus*, 2e éd., 2 vol. Fribourg, 1929. En français :

B. Roland-Gosselin, *La morale de saint Augustin*, 1925 (Rivière).

Sur la mystique, le livre est ici en anglais :

Dom C. Butler, *Western Mysticism, The teaching of SS. Augustine, Gregory and Bernard on contemplation and the contemplative life*, 2e éd., Londres, 1927.

F. Cayré, *La contemplation augustinienne, principes de spiritualité et de théologie*, 2e éd., 1954 (Desclée De Brouwer).

Sur le monachisme, un petit livre de vulgarisation :

M. Mellet, *L'itinéraire et l'idéal monastiques de saint Augustin*, 1934 (Desclée De Brouwer).

Mais la question de la *Règle* vient d'être complètement renouvelée par les thèses de :

L. Verheijen, *La Règle de saint Augustin*, I. *Tradition manuscrite*, II. *Recherches historiques*, 1967 (Ét. Augustiniennes).

Sur la théologie de l'histoire, les livres fondamentaux sont en allemand et d'utilisation délicate :

H. Scholz, *Glaube und Unglaube in der Weltgeschichte*, Leipzig, 1911 (hégélien).

W. Kamlah, *Christentum und Geschichtlichkeit*, 2e éd., Cologne-Stuttgart (Kohlammer) 1951 (heideggérien).

Quelques brèves suggestions, enrobées dans une synthèse personnelle :

H.-I. Marrou, *Théologie de l'histoire*, 1968 (Éd. du Seuil).

Polémique anti-manichéenne :

Fr. Decret, *Aspects du manichéisme dans l'Afrique romaine*, 1970 (Ét. Augustiniennes).

Polémique anti-donatiste :

P. Monceaux, *Histoire littéraire de l'Afrique chrétienne*, t. IV (1912), VII (1923).

W. H. C. FREND, *The Donatist Church*, Oxford 1952 (Clarendon), brillant, partial (très pro-donatiste et anti-augustinien); pour le dernier état de cette question, si disputée, v. P.-A. FÉVRIER, *Rivista di Storia e Letter. Religiosa* (Turin), 1966, pp. 228-240.

Polémique anti-pélagienne : elle vient d'être exposée à nouveau, d'un point de vue catholique mais curieusement sympathique à Pélage, par :
G. DE PLINVAL, *Pélage, ses écrits, sa vie et sa réforme*, Lausanne 1943 (Payot).

Quant au « système » augustinien sur **la prédestination et la grâce**, le lecteur imagine la difficulté qu'il rencontrera à trouver un exposé qui lui présente la pensée « authentique » d'Augustin ; qu'il commence par confronter les deux esquisses de :
Dom O. ROTTMANNER, *L'augustinisme* (1908) trad. franç. dans *Mélanges de Sciences Religieuses*, 1949, p. 29-48 (Facultés Catholiques de Lille), interprétation plutôt sévère : v. les justes critiques de F.-J. THONNARD, *Revue des Ét. Augustiniennes*, 1963, p. 259-287. Plus optimiste :
H. RONDET, *Gratia Christi*, Paris 1948 (Beauchesne) p. 99-179 et *Liberté et grâce dans la théologie augustinienne*, dans le recueil *Saint Augustin parmi nous*, Le Puy-Paris (Mappus), 1954, p. 201-222, 297-306.
Il y a intérêt à ne pas séparer la question du problème plus général du salut :
J. RIVIÈRE, *Le dogme de la Rédemption chez saint Augustin*, 3ᵉ éd., 1933.
J. WANG TCH'ANG-TCHE, *Saint Augustin et les vertus des païens*, 1938 (Beauchesne).
R. HOLTE, *Béatitude et sagesse, saint Augustin et le problème de la fin de l'homme dans la philosophie ancienne*, trad. fr., Paris 1962 (Études Augustiniennes).
Voir aussi de façon générale (anglican, de tendance plutôt protestante) :
J. BURNABY, *Amor Dei, a Study of the Religion of St. Augustine*, Londres, 1947.

INFLUENCE : le domaine à explorer est immense ; on trouvera un bon guide dans :
F. CAYRÉ, *Augustinisme (développement de l')*, *Note complémentaire*, dans les *Tables générales du Dictionnaire de Théologie Catholique*, fasc. 2, col. 317-324.
Augustinus Magister, t. II, p. 1003-1128; t. III p. 265-273, 419-428.

Pour aller plus loin : il n'existe pas de bibliographie augustinienne suffisamment complète (la *Bibliographia Augustiniana* de D. A. PERINI, Florence, 1929 est une bibliographie non de saint Augustin mais des écrivains italiens de l'ordre des Ermites). Le meilleur guide dans ce dédale est encore le manuel de :
B. ALTANER-STUIBER, *Patrologie*, 7ᵉ éd., § 102, Fribourg-en-Br. 1966 (Herder); trad. franç., H. CHIRAT, mal corrigée : *Précis de Patrologie*, 1946 (Salvator Casterman), puis la *Gliederung der Bibliographia Augustiniana* de C. ANDRESEN dans : *Zum Augustin-gesprach der Gegenwart*, Darmstadt 1962 (*Wege der Forschung*, 5).
On suivra la production de chaque année grâce à T. VAN BAVEL, *Répertoire bibliographique de saint Augustin, 1950-1960*, La Haye 1963, à *L'Année Philologique*, et surtout au *Bulletin augustinien* de la *Revue des Études Augustiniennes* (Paris).

NOTE SUR LES ILLUSTRATIONS

Photos Charles Jehan, extraites du livre d'E. Marec : *Hippone-la-Royale* (Éd. du Gouvernement Général de l'Algérie) : p. 9, 146.
Photos Marcel Bovis, extraites du même livre : p. 34, 36, 37, 39, 40-41, 42, 46.
Photo Marcel Bovis, extraite du livre de L. Leschi : *Algérie Antique* (Éd. du Gouvernement Général de l'Algérie), p. 13.
Photo Combier (Mâcon), extraite du livre de C. Courtois : *Les Vandales et l'Afrique* (Arts et Métiers graphiques), p. 19.
Bibliothèque Nationale : p. 8 (2), 26, 105, 157, 168, 174, 175, 178, 182, 186.
Musée Guimet : p. 27.
Landesmuseum, Trèves : p. 14.
Saint-Omer, manuscrit *De Trinitate*, XIIIe siècle : l'homme intérieur : p. 3 de couverture.
Service Municipal de l'Urbanisme, Marseille : p. 151.
Abbaye N.-D. de Lérins : p. 153.
W. Speiser, Bâle : p. 2, 125.
Roche : p. 5 (1), 20, 23, 52, 75.
Giraudon : p. 177.
Giraudon-Haufstaengl : p. 5 (2).
Giraudon-Alinari : p. 8 (1), 93, 111, 116, 131.
Giraudon-Anderson : p. 82, 95, 152 (1).
Bulloz : p. 163.
Artistic-Photo (Cherbourg) : p. 32.
Roger-Viollet - Hurault : p. 46.
Jaques (Orléans) : p. 54.
Mas (Barcelone) : p. 85, 99, 141, 181.
Brogi : p. 148.
P. Quoniam : p. 11.
Marcel Leglay : p. 51.
F. Châtillon : p. 160.
Le manuscrit de la p. 15 a été reproduit d'après une planche des *Specimina Codicum Latinorum* d'Ehrle-Liebaert (Marcus-Weber, Bonn).
Le sceau du duc de Numidie, p. 61, d'après une illustration des « Cahiers de Byrsa » t. II, publiés par le Musée Lavigerie (Carthage).
La mosaïque, p. 121, d'après le livre de Colette Picard : *Carthage* (Éd. Les Belles Lettres).
Le diptyque de Boèce, p. 155, d'après le *Nuovo Bolletino di Archeologia Cristiana* (Rome, 1907).
La gravure p. 170, d'après l'*Histoire Littéraire du Sentiment Religieux*, tome III, d'Henri Brémond.

Table

CE LIVRE EST LE DEUXIÈME DE LA COLLECTION « MAITRES SPIRITUELS »
DIRIGÉE PAR PAUL-ANDRÉ LESORT

ACHEVÉ D'IMPRIMER EN 1987 PAR L'IMPRIMERIE TARDY QUERCY S.A. - BOURGES
D. L. 3ᵉ TRIM. 1955 - Nº 692-12 (13779)